Autonomie personnelle et droit pénal

BIBLIOTHÈQUES DE DROIT

COLLECTION FONDÉE ET DIRIGÉE PAR JEAN-PAUL CÉRÉ

Cette collection a pour vocation d'assurer la diffusion d'ouvrages scientifiques sur des thèmes d'actualité ou sur des sujets peu explorés dans le domaine des sciences juridiques. Elle se destine notamment à la publication de travaux de jeunes chercheurs.

Dernières parutions :

A. GERMON, Le rôle d'initiative des administrations dans l'action publique
N. NOTO-JAFFREUX, Le conflit d'intérêt chez les avocats

M. TESSIER, Les procédures de la criminalité organisée devant la Cour de cassation

C. BELLARD, Les crimes au féminin

W. BUIRON, Droits des patients en fin de vie et pouvoir médical

V. DA SILVA, Réussir son cas pratique en droit de la responsabilité

J.P. CÉRÉ, Droit disciplinaire pénitentiaire

C. GAFFURI et J. FROMGET, L'accueil des détenus dans les prisons françaises

R. COLSON, Les transformations de la justice pénale. Une comparaison franco-anglaise

S. CLÉMENT, L'internement administratif des étrangers en situation irrégulière

J. GOURDOU, O. LECUCQ et J.Y MADEC (dir.), Le principe du contradictoire dans le procès administratif

D. CONNIL et J. DUVIGNAU (dir.), Droit public et cinéma

V. DA SILVA, Réussir son cas pratique en droit de la famille

BIBLIOTHÈQUE DE *DROIT PENAL*

Pierre ROUSSEAU

Autonomie personnelle et droit pénal

Préface de François Rousseau

L'Harmattan

5-7, rue de l'Ecole-Polytechnique, 75005 Paris

http://www.harmattan.fr
diffusion.harmattan@wanadoo.fr

ISBN : 978-2-343-10258-0
EAN : 9782343102580

Je tiens à adresser mes remerciements aux professeurs qui m'ont aidé dans la réalisation de ce mémoire.

Je remercie tout d'abord Monsieur François Rousseau, professeur de Droit pénal et co-directeur du Master 2 droit pénal et sciences criminelles de l'Université de Nantes. En tant que Directeur de ce mémoire, il m'a donné des pistes de réflexion, de précieux conseils, et m'a accordé sa confiance lorsque j'envisageais certains axes de travail.

Je remercie par ailleurs Madame Sylvie Grunvald, professeur de Droit pénal et co-directrice du Master 2 droit pénal et sciences criminelles de l'Université de Nantes, pour l'ensemble de ses conseils relatifs à la rédaction du mémoire, ainsi que pour ses réponses à mes questions de droit.

Je remercie enfin Madame Karine Foucher, professeur de Libertés et droits fondamentaux de l'Université de Nantes, pour m'avoir donné son avis sur mes réflexions et pour ses conseils bibliographiques.

À Alice et Marianne

Principales abréviations

Bull	*Bulletin*
Bull. crim	*Bulletin des arrêts de la chambre criminelle de la Cour de cassation*
C. A	Cour d'appel
Cass., ch. réun	Chambres réunies de la Cour de cassation
Cass. Crim	Chambre criminelle de la Cour de cassation
Cr. E. D. H	Cour européenne des droits de l'homme
C. C	Conseil Constitutionnel
C. E., Ass	Assemblée du Conseil d'État
C. E., S. S. R	Sous-sections réunies du Conseil d'État
chron	Chronique
coll	Collection
D	*Recueil Dalloz*
D. C	Décision de conformité
D. U. D. H	Déclaration Universelle des Droits de l'Homme
Éd	Éditions
Gaz. Pal	*Gazette du Palais*
Ibid	Ibidem
I. T. T	Incapacité totale de travail
J. C. P.	*La semaine juridique*
op. cit	Opus citatum
préc	Précité
P. U. F	Presses Universitaires de France
Rev. Méd	Revue Médicale
R. S. C	*Revue de sciences criminelles*
R. T. D. civ	*Revue trimestrielle de droit civil*
T. G. I	Tribunal de grande instance
T. pol	Tribunal de police

Préface

Une fois encore, le Master 2 « Droit pénal et sciences criminelles » de l'Université de Nantes a le privilège et l'honneur de voir publier le mémoire de recherche de certains de ses plus brillants étudiants[1]. C'est au tour cette année de Pierre Rousseau que nous avons eu la chance de diriger. Nous remercions sincèrement la Bibliothèque de droit pénal des éditions l'Harmattan de permettre la diffusion de ces véritables travaux de recherche qui font la fierté de l'équipe pédagogique et scientifique du master.

Pierre Rousseau a mené une brillante recherche sur l'autonomie personnelle et le droit pénal. Nous avions proposé ce sujet en ayant en tête le besoin de dresser un nouvel état des lieux des interactions du consentement de la victime sur la répression des atteintes à la personne, en particulier à la vie et à l'intégrité physique. Le sujet, il est vrai, a déjà été fortement débattu en particulier à la suite du célèbre arrêt rendu en 2005 par la Cour européenne à propos des relations sadomasochistes et laissant entendre que le droit à l'autodétermination pouvait prévaloir sur la répression de violences consenties dans le cadre de relations sexuelles[2]. Mais, certaines évolutions récentes de notre législation relative à l'euthanasie[3], ainsi que de la

---

1 TESSIER (M.), *Les procédures de la criminalité organisées devant la Cour de cassation*, 2014 ; GERMON (A.), *Le rôle d'initiative des administrations dans l'action publique*, 2014 ; LORY (N.), *La saisie pénale des biens incorporels*, 2015 ; PERRIN (M.), *Le statut pénal de l'animal*, 2015.

2 Cr. E. D. H., 17 févr. 2005, *K. A. et A. D. c/Belgique* : *D.* 2005, p. 2973, chron. FABRE-MAGNAN (M.).

3 Loi n° 2016-87 du 2 février 2016, *créant de nouveaux droits pour les personnes malades en fin de vie (JORF 3 févr. 2016).*

jurisprudence européenne en cette matière[4], justifiaient d'y revenir. Bien plus qu'un simple état des lieux, Pierre Rousseau s'est emparé du sujet et des notions fondamentales qui le soutiennent : l'autonomie personnelle, la dignité humaine et l'intégrité. Ne tombant pas dans le piège d'une lecture trop politique ou morale du sujet, l'auteur s'est attaché à définir et ordonner abstraitement ces concepts tout en n'oubliant pas d'en mesurer les conséquences pratiques. Il tente ainsi de montrer qu'il est vain de vouloir trouver les limites à l'autonomie personnelle au regard du respect de la dignité humaine, aux contours trop flous. Il propose de substituer à la dignité l'intégrité, dont la nécessaire protection serait la juste limite à l'autonomie personnelle. Cette mise en lumière de « l'intégrité » est l'apport majeur de cette recherche et invite le pénaliste à s'interroger sur le sens et la portée juridique de cette notion pourtant familière et usuelle. Le lecteur pourra ne pas partager les conclusions de l'auteur, mais nous parions qu'il ne pourra pas y être insensible au point de s'interroger. N'est-ce pas là au fond ce à quoi l'on reconnaît la qualité d'un ouvrage scientifique ?

Nous voudrions enfin terminer ces lignes pour dire tout le plaisir que nous avons eu à diriger cette recherche. Elle fut l'occasion de nombreux échanges passionnants et nourris, qui nous ont permis de percevoir les qualités tant intellectuelles que d'écoute et d'humilité de Pierre Rousseau. Toutes ses qualités nous ont convaincu de l'accompagner pour entreprendre une thèse.

La Roche sur Yon, le 9 septembre 2016

François Rousseau

Professeur à l'Université de Nantes

Co-directeur du Master 2 « Droit pénal et sciences criminelles »

---

[4] Cr. E. D. H., 20 janv. 2011, *Haas c/ Suisse* n° 31322/07 : R. *T. D. civ.* 2011, obs. MARGUÉNAUD (J-P.) ; Cr. E. D. H., 19 juill. 2012, n° 467/09, *Koch c/ Allemagne* ; Cr. E. D. H., 14 mai 2013 n° 67810/10, *Gross. c/ Suisse* : *D.* 2013, p. 1277, obs. PUPPINCK (G.) ; Cr. E. D. H., gde ch., 5 juin 2015, n° 46043/14, *affaire Vincent Lambert* : *D.* 2015, p. 1625, note VIALLA (F.).

Introduction

« La liberté consiste à pouvoir faire tout ce qui ne nuit pas à autrui : ainsi, l'exercice des droits naturels de chaque homme n'a de bornes que celles qui assurent aux autres Membres de la Société la jouissance de ces mêmes droits. Ces bornes ne peuvent être déterminées que par la Loi »[5].
Cet article de la Déclaration des Droits de l'Homme et du Citoyen pose la limite de la liberté individuelle. En effet, bien que la liberté soit un attribut fondamental de l'homme, elle ne saurait se déployer de façon illimitée sans rendre impossible toute vie en société, sans remettre en cause le pacte rousseauiste[6].
L'objectif premier de la loi est alors de préciser, à travers les limites qu'elle impose à l'exercice de la liberté individuelle, quelle est l'étendue de cette liberté. Tout en l'encadrant, la loi la préserve des atteintes potentielles qu'elle pourrait subir du fait des agissements d'autrui.

La liberté contractuelle est l'une des illustrations de cet encadrement dans la matière civile. Il est en principe possible de contracter, hormis dans les cas où la convention porte atteinte à des règles d'ordre public[7]. Il est intéressant de noter que le Code civil considère comme nulles les

---

5 Article 4 de la Déclaration des Droits de l'Homme et du Citoyen de 1789.

6 EDELMAN (B.), « L'homme sadien », in *La liberté du consentement, le sujet, les droits de l'Homme et la fin des « bonnes mœurs »/2*, Droits, Revue française de théorie, de philosophie et de culture juridiques, P. U. F., 2009, p. 115.

7 Article 1133 du Code civil. « La cause est illicite, quand elle est prohibée par la loi, quand elle est contraire aux bonnes mœurs ou à l'ordre public ».

conventions portant sur le corps humain[8], sous peine de porter atteinte à l'ordre public[9]. Le corps humain doit, selon le Code civil, être respecté[10], et seule la nécessité médicale ou un intérêt thérapeutique, avec le consentement de la personne lorsqu'elle est en mesure de le donner, peut justifier son altération[11].

La question de la liberté individuelle, lorsqu'il s'agit du rapport entre la personne et son corps, fait couler beaucoup d'encre dans la doctrine.
D'après S. Hennette-Vauchez, bien que la médecine ait eu un impact important quant au développement de l'idée selon laquelle le corps doit être distingué de la personne, l'« objectivisation du corps humain »[12] était déjà présente dans l'esprit de certains philosophes du XVIème siècle. Cette distinction entraînera inévitablement des conséquences sur le plan juridique, elle va « contaminer »[13] le droit.

F. Zenati-Castaing et T. Revet, après avoir souligné la différence entre la personne humaine et le corps qui la véhicule, considèrent que le corps est la propriété de la personne[14]. Ils précisent que ce droit de propriété ne saurait être remis en question du seul fait que la loi interdit « l'accès à telle utilité particulière : le propriétaire conserve son titre du moment qu'il reste investi du pouvoir d'accéder par principe à toutes les autres utilités »[15]. Selon ces auteurs, l'inviolabilité du corps humain, bien qu'elle implique

---

8 Article 16-5 du Code civil.

9 Article 16-9 du Code civil.

10 Article 16-1 du Code civil.

11 Article 16-3 du Code civil.

12 HENNETTE-VAUCHEZ (S.), *Disposer de soi ? , Une analyse du discours juridique sur les droits de la personne sur son corps*, Éd. L'Harmattan, 2004, p. 31.

13 Ibid., p. 31.

14 ZENATI-CASTAING (F.), REVET (T.), *Manuel de droit des personnes*, Coll. Droit Fondamental, P. U. F., 2006, p. 238.

15 Ibid., p. 240.

l'interdiction pour autrui d'y porter atteinte[16], inclut la possibilité pour la personne de consentir à la lésion[17].

En effet, lorsqu'une personne se fait percer les oreilles ou se fait opérer, elle accepte que son corps soit violenté. Ces altérations consenties du corps sont communément acceptées par la société, et semblent illustrer un « droit » pour la personne de disposer en partie d'elle-même[18]. Néanmoins, S. Hennette-Vauchez souligne que le qualificatif de « liberté » de disposer de soi est plus à même de cerner la réalité de la notion, car l'exercice d'une liberté suppose des limites posées par un ordre public, tout en respectant « l'individualisme fondateur de la société libérale »[19].
M. Fabre-Magnan rappelle par ailleurs qu'un droit, au contraire d'une liberté, suppose non seulement que l'État ne l'entrave pas, mais également qu'il apporte « son aide ou sa caution »[20] afin de le faire respecter, chose incohérente lorsqu'il est question des choix relatifs à son propre corps.

Si la liberté d'altérer sa propre personne ne pose pas de problème dans le rapport de soi à soi, la question est délicate au regard du droit pénal lorsqu'il s'agit du consentement à une lésion du fait d'autrui[21].
En effet, une faculté de se faire violenter implique la liberté de violenter celui qui y consent[22]. Or, cette idée heurte le principe du droit pénal selon lequel le consentement de la victime n'est pas un fait justificatif.
La personne n'a pas la liberté de renoncer à la protection du droit pénal, car ce dernier est d'ordre public. Le droit pénal n'a pas vocation à se placer du point de vue de la victime,

---

16 Ibid., p 242.

17 Ibid., p 243.

18 HENNETTE-VAUCHEZ (S.), op. cit., p. 23.

19 Ibid., p. 422.

20 FABRE-MAGNAN (M.), « Le sadisme n'est pas un droit de l'Homme », *D.*, 2005.

21 Ibid.

22 Ibid.

mais seulement à sanctionner le comportement de l'auteur, considéré comme intolérable par la société.

Néanmoins, la tendance des individus à souhaiter se voir reconnaître davantage de liberté dans une Europe des droits de l'homme s'accompagne d'une mutation croissante des libertés individuelles en droits subjectifs[23]. Cette philosophie de l'individu centré sur lui-même[24] influe considérablement sur l'interprétation « dynamique » par la Cour de Strasbourg des droits et libertés consacrés dans la Convention européenne de sauvegarde des droits de l'Homme. B. Edelman critique cette soumission systématique de la Cour de Strasbourg à l'évolution des mœurs, alors que selon cet auteur la Cour européenne des droits de l'Homme devrait conserver son rôle de gardien des valeurs que tout État partie doit respecter[25].

Ainsi, la Cour de Strasbourg consacre en 2002, à l'occasion de l'affaire « Pretty c/ Royaume-Uni »[26], un nouveau droit issu de l'article 8 de la Convention. Ce droit à l'autodétermination, impliquant la « faculté pour chacun de mener sa vie comme il l'entend »[27], et par conséquent « la possibilité de s'adonner à des activités perçues comme étant d'une nature physiquement ou moralement dommageables ou dangereuses pour sa personne »[28], sous-tend le droit au respect de la vie privée.
Ainsi que le souligne M. Fabre-Magnan, la Cour de Strasbourg n'évoque pas une liberté mais un « droit », car ce qualificatif lui permet de l'inclure dans son champ d'action[29]. Il n'en reste pas moins que cette consécration de

---

23 EDELMAN (B.), op. cit., p. 115-116.

24 Ibid., p. 108.

25 Ibid., p. 122.

26 Cr. E. D. H., 29 avril 2002, *Pretty c/ Royaume Uni*.

27 Cr. E. D. H., 29 avril 2002, *Pretty c/ Royaume Uni*, préc.

28 Cr. E. D. H., 29 avril 2002, *Pretty c/ Royaume Uni*, préc.

29 FABRE-MAGNAN (M.), op. cit.

« l'autonomie personnelle », telle qu'elle est libellée, permet à l'individu d'exiger une absence d'intervention de l'État afin que ce qu'elle souhaite se voir infliger soit respecté[30].

Il convient tout de même de préciser que bon nombre de droits consacrés par la Convention européenne des droits de l'Homme, tels que le droit à la liberté d'expression[31] ou la liberté de réunion et d'association[32], sont des « droits-liberté » en ce qu'il confèrent un pouvoir d'autodétermination à la personne. Or, la Cour de Strasbourg consacre en 2002 le pouvoir d'autodétermination en lui-même, et fait passer la faculté d'agir[33] au rang de droit fondamental.

Néanmoins, à l'occasion d'une affaire précédente en 1997, La Cour européenne des droits de l'Homme a précisé que « l'un des rôles incontestablement dévolu à l'État est la régulation, par le jeu du droit pénal, des pratiques qui entraînent des dommages corporels. Que ces actes soient commis dans un cadre sexuel ou autre n'y change rien »[34].

La question de l'efficience du système pénal se pose alors au regard de ces deux jurisprudences. Si l'État peut légitimement réguler les pratiques entraînant des lésions corporelles, alors le consentement à la violence est une liberté limitée par l'ordre public de cet État.
Si en revanche la personne peut faire valoir un droit fondamental à l'autonomie personnelle afin de subir une maltraitance, sachant que le droit conventionnel prime sur la loi[35], l'État doit alors prouver à la Cour de Strasbourg que sa

---

30 Ibid.

31 Article 10 de la Convention européenne des droits de l'Homme.

32 Article 11 de la Convention européenne des droits de l'Homme.

33 FABRE-MAGNAN (M.), « Le domaine de l'autonomie personnelle. Indisponibilité du corps humain et justice sociale », *D.*, 2008.

34 Cr. E. D. H., 19 février 1997, *Laskey et autres c/ Royaume-Uni.*

35 Article 55 de la Constitution française.

répression de la violence consentie est une ingérence justifiée dans le droit à l'autodétermination[36].

Dans cette dernière hypothèse, la consécration de l'autonomie personnelle confère au consentement de la victime une force nouvelle, celle d'un « droit-liberté » susceptible de mettre à mal la répression pénale.

Par ailleurs, indépendamment de cette consécration d'un droit à l'autodétermination par la Cour de Strasbourg, le consentement semble agir comme un fait justificatif en droit pénal, chose impossible pour une liberté, dans bon nombre de cas tels que la pratique des sports violents. Ces cas de figure dans lesquels il semble que la violence du fait d'autrui, parce qu'elle est consentie, n'est pas réprimée, laissent penser que la faculté de consentir à l'altération par autrui n'est pas qu'une simple liberté. Ces exceptions aux principes du droit pénal participent, avec le « droit à l'autodétermination », d'une confusion sur les effets juridiques qu'il convient de reconnaître au consentement à la lésion.

La Cour de Strasbourg, dans l'affaire « K. A., A. D. c/ Belgique », entérine l'idée selon laquelle le consentement peut justifier l'absence de répression pénale, même en cas d'extrême violence, lorsqu'elles ont lieu dans un cadre sexuel. Selon la Cour, « le droit d'entretenir des relations sexuelles découle du droit de disposer de son corps, partie intégrante de la notion d'autonomie personnelle »[37].

La Cour précise par ailleurs que « le droit pénal ne peut, en principe, intervenir dans le domaine des pratiques sexuelles consenties qui relèvent du libre arbitre des individus. Il faut dès lors qu'il existe des « raisons particulièrement graves » pour que soit justifiée, aux fins de l'article 8 § 2 de la

---

36 FABRE-MAGNAN (M.), « Le sadisme n'est pas un droit de l'Homme », op. cit.

37 Cr. E. D. H., 17 février 2015, *K. A. et A. D. c/ Belgique.*

Convention, une ingérence des pouvoirs publics dans le domaine de la sexualité »[38].

L'affaire a eu un retentissement considérable dans le monde juridique, et cela se comprend aisément car la Cour de Strasbourg semble consacrer un véritable « droit au sadisme »[39].

Ainsi que le souligne M. Fabre-Magnan, ce droit agit comme un fait justificatif en droit pénal, ce qui est un revirement de la jurisprudence de 1997[40].

Face à un tel droit fondamental, vidant la répression pénale de sa substance lorsqu'il est question de violence consentie, les juristes songent à invoquer le « principe » de dignité[41], véritable « arme nucléaire » du droit en ce qu'elle est considérée comme absolue. En effet, la dignité est la traduction juridique de la valeur humaine[42], et partant elle ne peut être violée en aucun cas. La dignité est par ailleurs considérée en droit comme la matrice dont découlent l'ensemble des droits fondamentaux.

La faculté d'agir selon ses choix existe de fait[43], mais la problématique est celle de la limite de l'autonomie personnelle lorsqu'il est question de violences consenties. Si certaines altérations consenties doivent demeurer possibles, il est difficile de ne pas écorner le principe selon lequel le consentement n'est pas un fait justificatif en droit pénal, et partant de savoir quels sont réellement les effets juridiques du consentement. Par ailleurs, le droit à l'autodétermination,

---

38 Cr. E. D. H., 17 février 2015, *K. A. et A. D. c/ Belgique*, préc.

39 FABRE-MAGNAN (M.), op. cit.

40 Ibid.

41 Ibid. L'auteur, bien qu'elle ait défini la dignité comme une notion « indicible », songe elle-même à la mobiliser afin de limiter le droit à l'autodétermination.

42 FABRE-MAGNAN (M.), « La dignité en Droit : un axiome », *Revue interdisciplinaire d'études juridiques*, 2007.

43 FABRE-MAGNAN (M.), « Le domaine de l'autonomie personnelle. Indisponibilité du corps humain et justice sociale », op. cit.

tel qu'il est défini par la Cour de Strasbourg et particulièrement en matière sexuelle, semble étendre ses effets au point de permettre au consentement de justifier l'absence d'intervention de l'État[44].

Il nous semble que la dignité, bien qu'il soit tentant de l'invoquer afin de réguler[45] une autonomie personnelle susceptible de vider partiellement le système pénal national de sa substance, est un fondement discutable (1ère PARTIE). La protection de l'intégrité, définie dans un souci de cohérence du droit pénal, est à notre sens davantage appropriée afin de délimiter le domaine du droit à l'autodétermination lorsqu'il est question de violences consenties (2ème PARTIE).

---

44 FABRE-MAGNAN (M.), « Le sadisme n'est pas un droit de l'Homme », *op. cit.*

45 GOGORZA (A.), « La dignité humaine », in GOGORZA (A.) (sous la dir. de), SAINT-PAU (J-C.), *Droits de la personnalité*, Traités, Lexisnexis, 2013, p. 133.

1ère PARTIE

LE RESPECT DE LA DIGNITÉ HUMAINE, UNE LIMITE CONTESTABLE

1ère Partie. Le respect de la dignité humaine, une limite contestable

Face aux effets du droit à l'autodétermination consacré par la Cour européenne des droits de l'Homme, bon nombre de juristes évoquent la possibilité de mobiliser le « principe » de dignité, afin de limiter la faculté octroyée à la personne de consentir à la lésion[46]. Le domaine de l'autonomie personnelle s'arrêterait alors là où commence celui de la dignité, une zone dont le seuil est infranchissable sous peine d'être accusé de nier « l'infinie »[47] valeur de l'homme.

Encore faut-il être capable de discerner avec précision les contours de la dignité, car le seul élément certain dont dispose le juriste se résume en une courte phrase : La dignité humaine est inviolable[48]. La dignité est alors attachée à l'homme, elle est la traduction juridique de sa valeur[49]. Afin de cerner l'étendue de ce domaine juridiquement sacré, et armé de ces quelques mots ayant « plus de valeur que de sens »[50], le juriste doit être en mesure de déterminer ce qui porte atteinte à la dignité humaine (Chapitre 1).
Néanmoins, bien que la dignité humaine justifie pleinement l'émergence des droits fondamentaux, son

---

46 ROMAN (D.), « « A corps défendant ». La protection de l'individu contre lui-même », *D.*, 2007, chron., p. 1284.

47 FABRE-MAGNAN (M.), « La dignité en Droit : un axiome », *Revue interdisciplinaire d'études juridiques*, 2007.

48 Charte des droits fondamentaux de l'Union Européenne, Chapitre I, Article premier.

49 FABRE-MAGNAN (M.), op. cit.

50 SEVELY (C.), « Réflexions sur l'inhumain et le droit », *R. S. C.*, 2005. Selon l'auteur, « La dignité a plus de valeur que de sens ».

instrumentalisation afin de limiter le domaine de l'autonomie personnelle est contestable (Chapitre 2).

Chapitre 1. La caractérisation d'une atteinte à la dignité humaine

La dignité est atteinte lorsque la valeur d'un homme est niée[51]. La violation de la dignité suppose que les droits de la personne ou une valeur ont été violés d'une façon telle que l'acte est intolérable au regard de l'humanité de cette personne[52]. Il est impossible de définir précisément un tel seuil de violation du fait de l'impossibilité de définir la valeur de l'homme[53], hormis dans le cas d'une violence morale allant jusqu'à rabaisser l'homme au rang de l'animal ou de la chose[54], ou à lui refuser son droit d'appartenir à l'humanité[55]. Il en résulte deux composantes de l'atteinte à la dignité, l'une étant objectivement constatable, tandis que l'autre ne peut l'être que subjectivement (Section 1). Au regard de cette définition, le critère de la maltraitance ne peut suffire à caractériser une violation de la dignité (Section 2).

---

51 FABRE-MAGNAN (M.), op. cit.

52 GOGORZA (A.), « La dignité humaine », in GOGORZA (A.) (sous la dir. de), SAINT-PAU (J-C.), *Droits de la personnalité*, Traités, Lexisnexis, 2013, p. 112.

53 FABRE-MAGNAN (M.), op. cit.

54 GOGORZA (A.), op. cit., p. 109.

55 Ibid., p. 111.

Section 1. Une atteinte consommée par la négation de la valeur humaine

Il est possible de distinguer deux composantes dans la notion d'atteinte à la dignité. Celle-ci peut être atteinte par l'exclusion du genre humain[56] (§ 1), ou par un traitement intolérable[57] au regard de la valeur humaine (§ 2).

§ 1. La composante objective : L'exclusion du genre humain

Lorsque l'on rappelle que le droit est construit afin de régir les rapports entre les hommes, il faut bien admettre que l'on ne cherche pas à définir d'un point de vue scientifique ce qu'est un homme. M. Fabre-Magnan souligne d'ailleurs à quel point il serait dangereux de chercher à définir juridiquement ce qu'est l'espèce humaine en se basant sur la génétique, car un chercheur pourrait également vouloir distinguer différentes races au sein de l'humanité[58].

Scientifiquement, il n'y a aucune certitude sur ce qu'est l'être humain, car l'étendue de nos connaissances évolue constamment, notamment en matière de génétique. Il pourrait être considéré comme un animal doué d'une intelligence particulière, ou tout simplement comme une espèce appartenant au domaine du vivant. Nul ne sait quelles découvertes nous attendent dans ce domaine, dans lequel notre savoir reste encore très limité. La science pourrait un jour démontrer qu'il existe moins de différences entre un humain et un animal A, qu'entre cet animal A et un animal B.

---

56 Ibid. Nous reprendrons cette idée d'une « exclusion du genre humain » évoquée par GOGORZA (A.) tout au long de ce mémoire, en ce qu'elle cerne parfaitement la composante objective de l'atteinte à la dignité.

57 Ibid., p. 112.

58 FABRE-MAGNAN (M.), op. cit.

Notre droit part du principe qu'il existe les hommes et les choses, et plus récemment l'animal bien qu'il soit d'une façon générale assimilé à une chose, mais le droit se garde bien de délimiter leurs contours scientifiquement. Cette distinction est considérée en droit comme une vérité qu'il n'est nul besoin de démontrer, car le droit n'est pas la science. Le droit établit par ailleurs une véritable hiérarchie de valeur entre l'homme, l'animal et la chose. L'homme est au sommet de la hiérarchie, suivi de l'animal, récemment considéré par le Code civil comme un être doué de sensibilité[59], puis vient la chose. Une telle hiérarchie n'aurait évidemment aucun sens d'un point de vue purement scientifique, mais elle prend tout son sens lorsque l'on évoque la dignité en droit.

À l'inverse de la science, le droit envisage l'unité de la « famille humaine »[60] comme une vérité absolue, et part du principe que tous les hommes ont la même valeur[61].
La dignité est alors inhérente à la notion d'être humain, elle est la traduction juridique de la valeur de l'homme[62]. D'après M. Fabre-Magnan, la dignité « pose la valeur infinie, c'est à dire non calculable, de la personne humaine ainsi que l'égale valeur de tous les êtres humains »[63]. Ainsi que cet auteur le souligne, la dignité est un « axiome »[64], une vérité que l'on accepte, et de laquelle il faut bien partir. Cela peut en effet se comprendre dans la mesure où l'unité de la famille humaine est également un axiome en droit. C'est ce qui le distingue de l'être humain du point de vue scientifique, dont on ne sait comment sa définition peut évoluer au fil des découvertes.

---

59 Article 515-14 du Code civil.

60 D. U. D. H., Préambule, considérant 1.

61 FABRE-MAGNAN (M.), op. cit.

62 Ibid.

63 Ibid.

64 Ibid.

La distinction entre l'homme scientifique et l'homme juridique pourrait se résumer ainsi : Si scientifiquement tous les hommes sont différents, ils sont tous identiques en droit.

Bien que M. Fabre-Magnan précise qu'il est impossible de définir la valeur de l'être humain, et partant que la dignité est « indicible »[65] ; il est toutefois possible d'affirmer que celle-ci a été violée dans sa composante objective.
En effet, ainsi que le précise A. Gogorza, Le fait de rabaisser l'homme au rang de l'animal ou de la chose consomme une atteinte à la dignité[66]. M. Fabre-Magnan rappelle en ce sens l'impératif kantien selon lequel l'homme ne peut être utilisé « simplement comme un moyen, mais toujours comme une fin »[67]. Juridiquement, chacun peut faire la différence entre un homme, un animal, et une chose. Il est donc tout à fait possible de dire, objectivement, lorsque la dignité a été violée dans cette composante. Il s'agit en effet dans cette hypothèse de « l'image » de la personne, de son intégrité morale[68]. Or, une image ne dépend théoriquement pas du point de vue de celui à qui on la montre. On constate objectivement ce qu'elle montre.

Le viol[69] d'une personne consomme objectivement une atteinte à la dignité, car la victime est utilisée par le violeur comme un objet sexuel. La personne violée disparaît en effet totalement derrière son corps durant l'acte. L'auteur, en la possédant, renvoie de sa victime l'image d'une chose.

---

65 Ibid.

66 GOGORZA (A.), op. cit., p. 109.

67 FABRE-MAGNAN (M.), op. cit.

68 LEPAGE (A.), « Droits de la personnalité », *Répertoire de droit civil,* 2009. L'auteur précise que l'intégrité morale est liée à l'image que la personne renvoie d'elle-même à la société.

69 Article 222-23 du Code pénal.

Réduire une personne en esclavage consomme de la même façon une atteinte à la dignité, en ce que la victime s'apparente à une chose que l'on s'approprie[70].

Lors d'un génocide[71], la discrimination s'accompagne de la volonté d'éradiquer les personnes répondant au critère discriminatoire. En cette hypothèse, la violence morale est telle qu'elle donne à la victime l'image d'une entité qui n'est pas en droit d'appartenir à la famille humaine. La volonté d'exclure un groupe précis de l'humanité[72] en l'éradiquant est une négation manifeste de la valeur humaine des personnes constituant ce groupe, et partant une atteinte objective à leur dignité.

L'exemple d'atteinte à la dignité le plus célèbre dans la jurisprudence est probablement celui de l'affaire dite du « Lancer de nain »[73], dans laquelle un nain gagnait sa vie en se faisant lancer tel un projectile dans une discothèque. L'atteinte à la dignité fut invoquée pour interdire cette attraction, car en effet le nain était ravalé au rang de projectile, et donc d'une chose.
Il est important de distinguer dans cette affaire l'humiliation de l'atteinte à la dignité. Bien qu'en l'espèce les deux notions puissent se confondre, rire du nanisme d'une personne et la ravaler au rang d'objet sont bel et bien deux choses différentes[74]. Il est possible pour un nain, plutôt que d'être lancé, de faire rire l'assemblée en se mettant en scène de façon à montrer les inconvénients du nanisme au quotidien. Dans ce dernier cas de figure, le nain s'humilie volontairement mais n'est pas ravalé au rang de chose, sa

---

70 GOGORZA (A.), op. cit., p. 110.

71 Article 211-1 du Code pénal.

72 GOGORZA (A.), op. cit., p. 111.

73 C.E., Ass., 27 octobre 1995, n°136727.

74 GOGORZA (A.), op. cit., p. 111. L'auteur précise que la « stigmatisation d'une catégorie de personnes », tant que ces dernières ne sont pas exclues du genre humain, ne saurait consommer une atteinte à la dignité.

dignité n'est alors pas atteinte. L'autodérision ne peut être regardée comme le fait de se ravaler au rang d'un objet comique, car si la personne se sert de l'un de ses traits afin de faire rire, elle est bien plus que ce simple trait qu'elle caricature volontairement. Bon nombre de comiques usent de cette technique, sans pour autant qu'il soit question d'une atteinte à la dignité.

Lorsqu'en revanche une personne est montrée dans une foire afin d'attirer le regard du public sur sa monstruosité, la personne disparaît totalement derrière sa difformité. Cette dernière est alors ravalée au rang d'une chose ou d'un animal que l'on utilise pour attirer la foule, et partant sa dignité est atteinte.

Il est à noter que lors d'une violation de la dignité dans cette composante objective, l'idée de souffrance n'est pas nécessairement présente. Dans l'affaire que nous venons d'évoquer, le nain tirait de cette activité ses subsides, et ne souhaitait pas que l'attraction fût interdite. Il était parfaitement consentant et ne semblait aucunement souffrir de cette atteinte à sa dignité. En effet, l'altération consentie de l'image de soi est indolore.

Lors d'une atteinte à la dignité dans sa composante objective, c'est l'idée de « dégradation », bien plus que de souffrance, qui est importante.

Le terme « dégradation » est souvent employé, dans le langage courant, afin d'évoquer l'idée d'une détérioration. Il peut également s'entendre comme le fait de passer d'un grade d'une certaine valeur à un grade d'une valeur inférieure. On pense ici par exemple au militaire qui, suite à une faute, se voit dégradé pour revenir à un rang inférieur.

C'est cette dernière acception du terme « dégradation » qu'il est intéressant de retenir ici, car il s'agit en effet de passer du grade d'homme à un grade inférieur en droit, celui de l'animal, de la chose, ou d'une entité qui n'a pas sa place au sein du genre humain.

Le fait de savoir si la dignité de la personne a été atteinte dans sa composante objective peut obliger le juriste à se pencher minutieusement sur les faits de l'espèce afin d'être en mesure de l'affirmer.
Dans une affaire soumise à la chambre criminelle de la Cour de cassation en 2012[75], une personne a subi une fouille intégrale. Cette personne a considéré que la fouille était injustifiée et portait atteinte à sa dignité.
Dans l'hypothèse d'une fouille, il est possible d'envisager deux cas de figure. Un policier peut, par excès de zèle, procéder à une fouille sans qu'elle ne soit suffisamment justifiée au regard de la procédure pénale. Dans ce cas de figure, bien qu'elle se sente humiliée par la fouille car il s'agit d'une violence morale, la personne fouillée n'est ni ravalée au rang d'animal, ni au rang de chose. L'atteinte à la dignité dans sa composante objective n'est alors pas consommée. Si en revanche le policier abuse de sa position afin d'assouvir une pulsion sexuelle en fouillant la personne, alors il ravale cette personne au rang d'un moyen, d'un objet sexuel dont il dispose librement, car en effet sa fonction lui permet de contraindre la personne à lui obéir. L'atteinte à la dignité est en ce cas consommée. Dans une telle hypothèse, c'est le mobile du policier qui permet d'affirmer que la dignité de la personne est atteinte.

Cette composante de l'atteinte à la dignité a ceci de particulier qu'elle est le seul cas dans lequel le seuil de l'intolérable au regard de la valeur humaine, suite à la violation d'un droit, est précisément connu. En cas d'atteinte objective à la dignité, le droit à l'intégrité morale de la personne, si tant est qu'on le reconnaisse comme autonome, est violé d'une façon telle que l'image de cette personne ne correspond plus à celle d'un homme. La personne est regardée comme n'appartenant pas ou n'étant pas en droit

---

[75] Cass. Crim., 5 juin 2012, n°11-84-895.

d'appartenir au genre humain, et partant sa valeur humaine est niée.
Ce seuil de l'humainement intolérable est en revanche impossible à définir précisément concernant la violation des autres droits.

§ 2. La composante subjective : Un traitement intolérable au regard de l'humanité

Selon la conception de M. Fabre-Magnan, la dignité traduit la valeur conférée à l'être humain, le respect que l'on doit à la personne du fait de son humanité. Bien que la dignité humaine telle qu'il est ici définie n'ait été érigée qu'à la suite des atrocités de la Seconde Guerre mondiale en tant que matrice des droits fondamentaux, elle n'en reste pas moins posée telle une vérité valable en tous temps et en tous lieux[76].

On fait parfois dépendre l'idée de dignité de la conception qu'en a une société à un instant précis[77]. La dignité serait alors un principe à géométrie variable.
Tel est notamment le cas lorsque le Code pénal français intitule un chapitre « Les atteintes à la dignité »[78]. En effet, le simple fait d'ajouter ou de retirer une infraction de ce chapitre du Code pénal revient à modifier la conception que la France se fait de la dignité. Le Code pénal étant un reflet des mœurs de la société à un instant précis, il est également un reflet de la conception que se fait cette société de la valeur protégée par le droit pénal à ce même instant.

Il y a pourtant des failles concernant cette mobilisation de la dignité en tant que valeur pénalement protégée, si l'on

---

76 FABRE-MAGNAN (M.), op. cit. Selon l'auteur, « On ne doit pas douter de la dignité de la personne humaine ».

77 C. A., Paris, 19 janvier 1998, 96/06975. La Cour se fonde sur les normes d'habitabilité en vigueur afin d'apprécier l'atteinte à la dignité humaine du fait des conditions d'hébergement.

78 Code pénal, Livre II, Titre II, Chapitre V.

s'en tient à la conception développée par M. Fabre-Magnan de cette notion juridique.

Tout d'abord, bon nombre d'infractions n'étant pas concernées par ce chapitre, telles que le viol, consomment une atteinte à la dignité. Il faudrait alors en conclure que nul autre fondement n'a pu être trouvé afin d'ériger en infractions les comportements dont il est question dans le chapitre relatif aux atteintes à la dignité. Or, si l'on prend le cas de la discrimination, ne peut-on pas invoquer une atteinte à l'intégrité morale de la personne ? A. Gogorza considère en effet qu'une atteinte à la dignité implique probablement la violation d'un droit distinct qui en découle[79].

Par ailleurs, si l'on considère que la dignité correspond à la valeur de l'homme[80], une dignité variable impliquerait une conception de la valeur de l'homme qui varierait selon les époques et les lieux. Peut-on considérer que l'homme d'hier valait moins que celui d'aujourd'hui ? La réponse semble évidente, les hommes du XIIème siècle étaient tout aussi humains que le sont ceux du XXIème siècle. La valeur qui leur est conférée par leur appartenance à l'espèce humaine n'a pas changé. Nulle société n'est fondée à dire que l'homme de son époque a acquis une valeur supérieure en comparaison de l'homme des époques précédentes. Il s'ensuit que ce Code pénal, par essence variable, érige en tant que valeur protégée dans ce chapitre un concept qui est par essence invariable. Les valeurs protégées par le Code pénal doivent être des curseurs, variant au fil de l'évolution des mœurs. A titre d'exemple, la liberté sexuelle est bel et bien une valeur au sujet de laquelle notre conception a évolué, avec la pénalisation relativement récente du viol conjugal[81].

---

79 GOGORZA (A.), op. cit., p. 112.

80 FABRE-MAGNAN (M.), op. cit.

81 Article 222-24 du Code pénal.

En retenant l'idée selon laquelle le concept de dignité, tel qu'il est défini par M. Fabre-Magnan, transcende les lieux et les époques, qu'il est une vérité acceptée et indémontrable[82], il convient de se pencher sur l'atteinte à cette valeur dans sa deuxième composante. A. Gogorza parle d'une atteinte à la dignité humaine par l'intolérable[83]. Il ne s'agit plus dans cette composante uniquement de l'image de la personne, mais bien d'un seuil de violence qu'on ne saurait tolérer concernant un être humain. Cette composante de l'atteinte à la dignité humaine semble assez subjective au regard de la première, d'où le titre de ce paragraphe.

En réalité, subjectif n'est pas vraiment le mot approprié. Ce seuil, bien qu'il existe en théorie, est une construction intellectuelle, de même que l'est le point en géométrie. On sait que le point existe, il est l'intersection entre deux droites, mais il est impossible de lui donner une quelconque circonférence. Bien que son existence ne fasse aucun doute, lui donner une taille afin de le matérialiser est impossible. Cette image tirée de la géométrie trouve un écho dans l'idée de la violence que l'on ne saurait tolérer au regard de la valeur d'un être humain.
Ainsi que le souligne M. Fabre-Magnan, la valeur de l'homme est « indicible », par conséquent la dignité de l'homme l'est tout autant[84]. S'il nous est impossible de définir ce qu'est la valeur de l'homme, alors comment pourrait-on connaître le seuil de violence au-delà duquel cette valeur est niée ?

Lorsque l'on évoque l'intolérable, il est nécessaire de ne pas se méprendre sur le sens de ce terme, et de savoir de quel point de vue l'on se place. Si l'on parle de ce qui est intolérable au regard de la société, on s'éloigne en réalité du

---

82 FABRE-MAGNAN (M.), op. cit.
83 GOGORZA (A.), op. cit., p. 112.
84 FABRE-MAGNAN (M.), op. cit.

concept de dignité, car il s'agit davantage de ce qui est intolérable au regard de la valeur de l'être humain. Cette valeur n'est pas le fruit d'une définition sur laquelle la société a la main, car nulle société n'est qualifiée pour la définir. Le point de vue selon lequel on se place ici pour qualifier l'intolérable est hors d'atteinte de la société. Cette idée se devine dans les propos de A. Gogorza lorsqu'elle précise qu'« Au fond, agir en conformité avec la dignité humaine revient à se soumettre à une loi morale universelle, à la vertu telle qu'elle s'impose à l'humanité. Et c'est semble-t-il en ce sens que la dignité de la personne humaine a été consacrée »[85].

Il semble par ailleurs que porter atteinte à la dignité d'un homme revient également à porter atteinte à l'humanité en tant que symbole[86]. Par analogie, décimer un groupe au regard d'un critère est considéré en droit pénal comme un crime portant atteinte à l'humanité[87], bien que l'attaque ne concerne évidemment pas l'ensemble des êtres humains de la planète. Il n'y a pas que la victime qui est atteinte, mais également le drapeau de l'humanité.

Si nul n'est en mesure de dire lorsque ce seuil de l'humainement intolérable est effectivement franchi, car nul ne sait où il se situe, on ne peut que le supposer dans certains cas.
Dans le désormais célèbre arrêt de la Cour européenne des droits de l'Homme « K. A et A. D. c/ Belgique »[88], lors d'un rapport sadomasochiste particulièrement violent, une femme a subi des traitements d'une extrême brutalité. Peut-on dire que les supplices dont elle a fait l'objet étaient d'une violence

---

85 GOGORZA (A.), op. cit., p. 102.

86 FABRE-MAGNAN (M.), « Le sadisme n'est pas un droit de l'Homme », *D.*, 2005. « À travers chaque personne, c'est l'humanité qui peut être atteinte (…) ».

87 GOGORZA (A.), op. cit., p. 111. L'auteur souligne la similitude de construction entre l'atteinte à la dignité et le crime contre l'humanité.

88 Cr. E. D. H., 17 février 2015, *K. A. et A. D. c/ Belgique.*

telle que le seuil de l'intolérable au regard de l'humanité a été dépassé ? Au regard des faits, on peut décemment l'envisager, mais nul ne saurait l'affirmer ni préciser à partir de quel acte.

Par conséquent, il est aisément compréhensible que cette composante de l'atteinte à la dignité soit difficilement mobilisable. Si toutefois elle l'est, l'appréciation de l'atteinte ne peut qu'être subjective. Or, la dignité, qui selon M. Fabre Magnan « se montre, mais ne se démontre pas »[89], est bel et bien posée telle une vérité transcendante.
Une vérité ne laisse nulle place au subjectif, et l'on peut considérer qu'en théorie, cette composante est également objective. Nous la qualifierons néanmoins d'atteinte à la dignité dans sa « composante subjective ».

Bien que le juge invoque parfois la dignité de façon subjective, il est aisément compréhensible que l'exclusion du genre humain soit bien plus fréquemment mobilisée. S'il est délicat de se prononcer sur l'intolérable, cette précision des contours de la notion nous permet de mieux comprendre quel est le dénominateur commun des maltraitances consommant une atteinte objective à la dignité.

Section 2. La maltraitance, un critère insuffisant à caractériser l'atteinte à la dignité

Dans bon nombre de cas, l'atteinte à la dignité n'est pas réellement consommée par la maltraitance principale, mais davantage par une violence morale parallèle qui l'accompagne (§ 1). Néanmoins, la maltraitance morale en elle-même est également insuffisante à caractériser une atteinte à la dignité (§ 2).

---

89 FABRE-MAGNAN (M.), « La dignité en Droit : un axiome », op. cit.

§ 1. L'atteinte objective à la dignité, une violence morale concomitante d'une maltraitance

Selon A. Gogorza l'atteinte à la dignité résulte de la violation extrêmement grave d'un droit ou d'une valeur[90]. Néanmoins, cela ne concerne à notre sens que l'atteinte à la dignité dans sa composante subjective. Tel serait le cas, en matière d'atteinte à l'intégrité, dans l'hypothèse d'un crescendo de violence qui, après avoir passé le stade de la valeur, atteindrait le palier ultime de la dignité.
En mars 2016, une jeune adolescente s'est suicidée, suite à la circulation d'une photo d'elle dénudée. Il ne s'agissait probablement pas en l'espèce d'une atteinte objective à la dignité, car une photo dénudée ne ravale pas la personne au rang d'une chose, hormis dans l'hypothèse où elle est instrumentalisée, notamment à des fins commerciales. Si tel n'est pas le cas, elle est davantage une intrusion dans l'intimité, une porte ouverte à tous. Il n'en reste pas moins que ce suicide avait probablement pour but de mettre un terme à une souffrance insoutenable. Un juge pourrait considérer, de façon subjective, que l'atteinte à sa vie privée était telle qu'elle a engendré une souffrance humainement intolérable. La souffrance peut être ici analysée sous l'angle de l'atteinte à la vie privée, ou de la violence morale qu'implique une telle atteinte. Quel que soit l'angle d'analyse, s'il s'agit de s'interroger sur la dignité, il est ici question de l'intensité de la violation ainsi que de la souffrance qu'elle engendre.
En revanche, lorsqu'il est question d'atteinte objective à la dignité, il ne faut pas selon nous retenir l'idée d'une atteinte qui serait en ligne directe avec la violation de la valeur principalement concernée.

Il s'agira dans ce paragraphe d'analyser les maltraitances uniquement sous le prisme de l'atteinte à la dignité dans sa

---

[90] GOGORZA (A.), op. cit., p. 112.

composante objective. Il est évident que dans le cas d'une violation de la dignité du fait de l'intolérable atrocité d'un acte[91], la simple maltraitance est insuffisante à caractériser une telle atteinte.
L'objet de ces développements est de montrer que la dignité, lorsqu'elle est objectivement atteinte à l'occasion de la violation d'une valeur, n'est pas directement consommée du fait de la gravité de cette dernière, mais davantage du fait que la maltraitance implique en parallèle une violence morale particulière. Il n'est pas question ici d'intensité, mais de spécificité.

Dans le cas du viol, déjà évoqué précédemment, la valeur protégée qui fonde l'incrimination est la liberté sexuelle. La victime est considérée par l'auteur du viol comme un objet sexuel, un corps dont il souhaite disposer à sa guise. Cette réification de la personne porte indéniablement atteinte à la dignité de la personne humaine. Il ne faut néanmoins pas considérer, à notre sens, que c'est l'atteinte à la liberté sexuelle en elle-même qui porte atteinte à la dignité. Lorsqu'une personne profite de sa proximité avec autrui afin de pratiquer un attouchement, il s'agit d'une agression sexuelle[92] en ce que l'acte est une atteinte à la liberté sexuelle, en ce que le choix de la personne n'est pas respecté. Néanmoins dans cette hypothèse, l'absence de prise en considération du choix de la personne ne fait pas d'elle un objet possédé par l'auteur de l'agression. La victime peut en effet se rebeller contre l'auteur, elle n'est pas en sa possession. En revanche, dans le cas du viol, la victime est contrainte au point d'être ravalée au rang d'un objet que l'auteur possède et dont il dispose librement. Seule cette contrainte totale permet à l'auteur d'aller jusqu'à la pénétration de sa victime. L'image de la personne devient alors celle d'une chose. L'atteinte à la liberté sexuelle

91 Ibid.

92 Article 222-22 du Code pénal.

s'accompagne dans ce cas d'une violence morale telle qu'elle nie l'appartenance de la personne au genre humain. La dignité est violée du fait d'une atteinte à l'intégrité morale spécifique, distincte de l'atteinte à la liberté sexuelle.

Un auteur peut profiter d'une victime en sa possession afin de lui faire subir des traitements violents, autres que sexuels. Il est alors davantage question de l'intégrité physique que de la liberté sexuelle, mais la dignité est violée de façon identique, du fait de cette réification de la personne. Dans une seconde hypothèse, l'auteur peut porter un coup fatal à une personne, sans que cette dernière ne soit en sa possession. L'atteinte à la dignité ne concerne que la première hypothèse car bien que l'atteinte à l'intégrité soit moins grave, elle s'accompagne d'une violence morale spécifique.

A. Gogorza considère qu'une rupture d'égalité n'est pas une atteinte à la dignité, sauf lorsqu'elle crée une « hiérarchisation entre les individus »[93], notamment « en raison de leur situation sociale »[94]. Il nous semble néanmoins que ce n'est pas l'atteinte excessive à l'égalité en elle-même qui consomme l'atteinte à la dignité.
À l'époque de Rome, il existait une hiérarchie du fait de la « distinction juridique entre les « grands » (*honestiores*) et les « petits » (*humiliores*), les deux catégories n'étant pas égales au regard du droit »[95]. L'homme riche, du fait de son rang social, avait plus à perdre que l'homme pauvre lorsqu'il était question de subir une peine. La répression variait alors selon cette distinction, afin de préserver également l'honneur de la famille de l'homme riche[96]. Il n'en reste pas moins que cette distinction d'appellation, et partant cette hiérarchie sociale,

---

93 GOGORZA (A.), op. cit., p. 11O.

94 Ibid., p. 111.

95 GRIMAL (P.), *Marc Aurèle*, Fayard, 1991, p. 148-149.

96 Ibid.

n'impliquait pas l'exclusion des *humiliores* de la catégorie des êtres humains. Bien que les individus n'avaient pas le même statut social, la valeur humaine n'en restait pas moins leur dénominateur commun.

Si en revanche la hiérarchisation permet aux uns de s'approprier les autres, cela signifie que les individus du bas de la hiérarchie sont d'ors et déjà réifiés. C'est la réification en elle-même qui exclut l'individu de la famille humaine. Au XVIème siècle, les Espagnols pensaient réellement que les Indiens n'étaient pas des hommes, ces derniers étaient vus comme des animaux. La hiérarchie découlait de cette négation de l'humanité des Indiens, et non l'inverse. Cette vision animale des Indiens servait de fondement à l'inégalité.

À notre sens, lorsqu'il est question d'atteinte à la dignité, la hiérarchie n'est pas un critère suffisant en ce qu'elle doit être distinguée de la négation de l'humanité de l'autre. La dignité est violée lorsque l'atteinte à l'égalité s'accompagne d'une atteinte spécifique à l'intégrité morale, qui en l'occurrence la précède et vise à la justifier.

Les maltraitances que nous venons d'évoquer, lorsqu'elles impliquent une atteinte à la dignité, ont pour dénominateur commun la concomitance d'une atteinte à l'intégrité morale ayant pour spécificité d'exclure la personne de l'humanité. En l'absence de cette spécificité, la violence morale en elle-même ne suffit pas à consommer une atteinte à la dignité.

§ 2. La maltraitance morale respectueuse de la dignité

« Indigne » est un terme généralement utilisé dans le langage courant afin de qualifier une situation ayant pour effet de salir l'image de la personne. Si l'on s'en tient à cette perception des contours de la notion, alors toute humiliation doit porter atteinte à la dignité.

Il est pourtant nécessaire de s'émanciper de cette acception courante, et de nous en tenir à la conception juridique de la notion pour souligner que bien des maltraitances morales demeurent respectueuses de la dignité humaine.

La discrimination[97] est, selon nous, une violence morale qui n'est pas systématiquement constitutive d'une atteinte à la dignité humaine. Lorsqu'un employeur refuse d'engager une personne du fait de son âge, il porte atteinte à l'image de cette dernière, et partant à son intégrité morale[98]. L'employeur peut notamment la refuser car il souhaite donner une image « jeune et dynamique » de son entreprise. Son choix discriminatoire, bien qu'il soit répréhensible, n'implique absolument pas qu'il considère que la personne plus âgée n'est pas humaine. La personne refusée est humiliée, car ce refus lui donne l'image d'un travailleur périmé. Ce n'est en rien assimilable à une négation de son humanité, car certaines personnes trop âgées ne sont effectivement plus aptes à travailler. Ces dernières demeurent néanmoins humaines au regard de la société. Ce refus d'embauche discriminatoire est alors une violence morale, non constitutive d'une atteinte à la dignité.
Ainsi que nous l'avons vu précédemment, la discrimination consomme une atteinte à la dignité notamment lorsqu'elle vise à « purifier » l'espèce humaine en éradiquant la personne, et le génocide en est l'illustration.

Le bizutage[99], réprimé au même chapitre du Code pénal, ne consomme pas systématiquement une atteinte à la dignité humaine. Il est question dans cette incrimination de réprimer les « actes humiliants ou dégradants »[100], souvent pratiqués en guise de rite initiatique sur les nouveaux arrivants dans un

97 Articles 225-1 et s. du Code pénal.

98 LEPAGE (A.), op. cit.

99 Article 225-16-1 du Code pénal.

100 Article 225-16-1 du Code pénal, préc.

milieu scolaire. Il n'est pas question dans ces développements de remettre en cause l'incrimination elle-même, sachant les dégâts que peuvent causer un bizutage sur une personne, mais seulement de l'analyser sous le prisme de la dignité.
Si l'on s'en tient à la rédaction de ce texte et au chapitre au sein duquel il s'insère, il faut en conclure que l'humiliation subie lors d'un bizutage est une atteinte à la dignité.
Il est tout d'abord intéressant de noter qu'il s'agit d'une façon générale d'un rite qui, bien qu'il soit effectivement discutable quant à son intérêt, vise non pas à exclure de l'humanité, mais à inclure de nouveaux arrivants dans la communauté. Il est alors paradoxal de considérer que le concept du bizutage en lui-même soit une négation de l'appartenance des nouveaux arrivants à la famille humaine. La répression se justifie davantage, selon nous, en ce qu'il est question de violences morales initiatiques.
Néanmoins, il n'est pas exclu que certains abusent de ce pouvoir acquis à l'occasion du bizutage afin de violenter considérablement une personne, au point de la ravaler au rang d'un animal ou d'une chose. Seuls les faits de l'espèce permettent de se prononcer sur une violation de la dignité. Il n'en reste pas moins que l'humiliation englobe le fait d'amener les personnes à vendre des confiseries dans la rue dans un accoutrement ridicule. Cette légère violence morale n'est bien évidemment pas à considérer comme une négation de la valeur humaine.

Il est intéressant à ce stade de se pencher sur l'infraction de harcèlement, dont il est communément admis dans la doctrine qu'elle porte atteinte à la dignité de la personne. Bien que cette incrimination ne soit pas insérée dans le chapitre du Code pénal relatif aux atteintes à la dignité, il est expressément mentionné dans le texte même du harcèlement moral que l'atteinte à la dignité de la personne peut être l'un des objectifs ou résultats susceptibles de consommer l'infraction.

Il est tout d'abord différent de considérer que le fait de porter atteinte à la dignité, ou de le souhaiter, peut être l'un des éléments permettant de caractériser un harcèlement, et de considérer l'infraction de harcèlement en elle-même comme une atteinte systématique à la dignité de la personne humaine. C'est sur cette dernière conception du harcèlement qu'il convient de discuter ici.

Tout d'abord, agir de façon répétée de manière à altérer l'intégrité psychique, à impacter de façon négative, ne nous semble pas concevable concernant une chose. La chambre criminelle de la Cour de cassation a pu considérer que le fait pour un employeur de hurler régulièrement sur un salarié le ravalait au rang de « machine-outil »[101], et qu'il était alors question d'une atteinte à sa dignité. Cette position nous semble contestable car le comportement que l'on adopte normalement face à une machine n'est pas de lui hurler dessus, ni même de lui parler. On actionne tout simplement une machine afin qu'elle se mette en marche. Si la machine est défaillante, il convient de la réparer.

La question pourrait en revanche se poser au regard de notre comportement envers l'animal, notamment lorsque l'on dresse un chien. Il s'agit bien d'une répétition d'actes en vue d'influer sur la psychologie, néanmoins cela peut être distingué du harcèlement. En effet, dans ce cas de figure, il ne s'agit pas de briser psychiquement l'animal par des actes malveillants. Le dressage de l'animal s'accompagne bien d'ordres, parfois virulents, mais également de récompenses, l'objectif étant de lui faire apprendre quelque chose. Il s'agit alors bien plus de l'élever que de le rabaisser, sachant que l'intelligence d'un animal est souvent évaluée par les hommes au regard de ce que l'on peut lui faire comprendre et accomplir.

---

101 Cass. Crim., 4 mars 2003, n° 02-82.194, *bull. crim.* n° 58.

Si l'on retient cette vision de ce qu'est le dressage, il faut admettre que harceler une personne n'est pas la ravaler au rang de l'animal. Dans le cas du harcèlement, il s'agit plutôt de détériorer l'image de la personne de façon répétée, au point d'altérer son psychisme. L'auteur se sert de la sensibilité particulière à l'être humain, et partant prend acte de l'humanité de sa victime pour la briser psychiquement. Il est possible de considérer que seule une personne humaine capable d'un certain niveau d'émotivité et de sensibilité donne prise à un harcèlement. Le comportement que l'on adopte lors d'un harcèlement ne trouve alors, selon cette analyse, aucun équivalent au regard de nos agissements habituels concernant les animaux, et encore moins concernant les choses.
Si tel est le cas, il est difficile de considérer que le fait de harceler quelqu'un consomme une atteinte à la dignité de la personne humaine.

Il alors est possible, après avoir précisé de qui caractérise une atteinte à la dignité, de s'interroger sur la pertinence d'une limite à l'autonomie personnelle fondée sur le respect de la dignité.

Chapitre 2. Les failles d'une limite à l'autonomie personnelle fondée sur la dignité

L'émergence d'un droit fondamental à l'autonomie personnelle s'accompagne de la problématique de sa limite. En effet, ce droit est non seulement susceptible de heurter le respect des autres droits fondamentaux[102], mais également d'ébranler l'efficience du système pénal national. A défaut d'autres fondements, certains juristes sont tentés de mobiliser la notion de dignité afin d'endiguer les effets potentiellement dévastateurs de cette faculté renforcée de consentir à la lésion[103]. Néanmoins, limiter le droit à l'autodétermination par le biais de la dignité s'avère d'une part incohérent (Section 1), et d'autre part insuffisant (Section 2).

Section 1. L'incohérence d'une limite fondée sur la dignité

Invoquer la dignité afin de limiter l'autonomie personnelle semble incohérent en ce que la dignité, en tant que matrice, fonde le droit au respect de la vie privée, et partant le droit à l'autodétermination (§ 1). Par ailleurs, mobiliser la dignité afin d'interdire un comportement revient à la détourner de sa vocation première (§ 2).

---

102 FABRE-MAGNAN (M.), « Le sadisme n'est pas un droit de l'Homme », *op. cit.*
103 Ibid.

§ 1. L'autonomie personnelle, un droit-liberté issu du concept de dignité

Il faut admettre qu'il est des cas dans lesquels l'invocation d'une notion juridique pose problème en ce qu'elle permet de justifier une solution et son contraire[104].

Le concept de sécurité juridique illustre assez bien cette problématique, et cela explique le fait que Conseil Constitutionnel préfère y voir un objectif de valeur constitutionnelle[105] plutôt qu'un principe invocable.
A. Cristau s'appuie sur la théorie de l'imprévision, en matière civile, afin de montrer que la sécurité juridique peut servir de fondement à des solutions opposées en cas d'événement de force majeure venant rompre l'équilibre contractuel. « Pour certains la révision est un facteur d'instabilité et d'insécurité. Son application rend impossible les prévisions nécessaires à la marche normale des entreprises. Pour d'autres l'intangibilité des obligations convenues peut aboutir, en fait, à la ruine de l'un des cocontractants et, par là, à l'inexécution du contrat, qui est génératrice de la pire des insécurités »[106].

Le concept de sécurité juridique irrigue l'ensemble du droit[107]. La règle de droit n'a pas seulement pour objet de régir la situation précise pour laquelle elle a été élaborée, mais elle vise également de façon générale à assurer la sécurité juridique du justiciable. Chaque règle de droit, à côté de l'objet qui lui est propre, participe d'un même objectif de prévisibilité et de lisibilité de la loi[108].
Au-delà de cet exemple criant d'impasse juridique, il est important de souligner qu'un concept juridique matriciel n'a pas vocation à être mobilisé à l'encontre des règles qui le

104 CRISTAU (A.), « L'exigence de sécurité juridique », *D.*, 2002.

105 C.C., 99-421 D. C., 16 décembre 1999.

106 CRISTAU (A.), op. cit.

107 Ibid.

108 Ibid.

sous-tendent. Cette idée d'un ADN commun à toutes les règles se retrouve dans la sphère des droits fondamentaux avec la dignité.

Les divers droits fondamentaux qui découlent du concept matriciel de dignité se distinguent de ce dernier[109], et peuvent se trouver en conflit lors d'un contentieux. Il serait néanmoins incohérent de trancher une confrontation entre deux droits en mobilisant la matrice dont ils sont issus, en s'appuyant sur leur ADN commun.

Les conflits possibles entre les différents droits fondamentaux consacrés par la Convention européenne des droits de l'Homme sont, dans une première hypothèse, tranchés par la Cour de Strasbourg ou par le juge national avec l'idée qu'il existe une hiérarchie au sein de ces droits. Tandis que certains droits, mentionnés à l'article 15§2 de la Convention, sont considérés comme intangibles, les autres sont susceptibles de dérogations ou de restrictions.
Dans une deuxième hypothèse, lorsque les droits en conflit bénéficient du même niveau de protection, le juge tranche en faisant prévaloir l'un des intérêts en jeu. Du point de vue de la Cour de Strasbourg, la prise en compte d'un éventuel consensus entre les États membres donne au juge une idée de l'importance à accorder aux intérêts en conflit.
Il existe par ailleurs une « interdiction de l'abus de droit »[110], prévue à l'article 17 de la Convention. L'exercice d'un droit fondamental ne saurait restreindre un autre droit fondamental au-delà de ce qu'admet la Convention. D'une manière générale, nul ne saurait se prévaloir d'un droit fondamental afin de détruire les droits consacrés dans la Convention.

Il est ainsi possible, d'une part pour le juge européen mais également pour le juge national, de trancher un conflit

---

109 GOGORZA (A.), op. cit., p. 112.

110 Article 17 de la Convention européenne des droits de l'Homme.

entre deux droits fondamentaux, soit parce que l'un bénéficie d'un niveau de protection supérieur à l'autre, soit parce que la prévalence de l'un sur l'autre se trouve justifiée au regard des intérêts en jeux.

L'autonomie personnelle trouve une application en droit interne lorsqu'il est question du consentement de la personne à un traitement qui lui est préjudiciable. Bien qu'en principe, notre droit pénal n'accepte pas le consentement de la victime comme un fait justificatif, la Cour européenne des droits de l'Homme consacre un droit à l'autodétermination, et précise à l'occasion de l'arrêt « Pretty c/ Royaume Uni » que ce droit implique la « faculté pour chacun de mener sa vie comme il l'entend », et par conséquent « la possibilité de s'adonner à des activités perçues comme étant d'une nature physiquement ou moralement dommageables ou dangereuses pour sa personne »[111]. La Cour de Strasbourg se fonde, pour consacrer ce droit, sur l'article 8 § 1 de la Convention dont l'objet est le droit au respect de la vie privée.

Il est important de souligner qu'en l'espèce, la requérante souhaitait se voir reconnaître un droit de mourir. Se posait alors la question d'une interprétation négative de l'article 2 de la Convention, qui consacre le droit à la vie. La requérante, en précisant qu'il était question de respecter sa dignité, faisait une lecture de cet article lui permettant de choisir la mort, ce à quoi s'est refusée la Cour de Strasbourg. Cette dernière a souligné que « L'article 2 ne saurait, sans distorsion de langage, être interprété comme conférant un droit diamétralement opposé, à savoir le droit de mourir ; il ne saurait davantage créer un droit à l'autodétermination en ce sens qu'il donnerait à tout individu le droit de choisir la mort plutôt que la vie »[112]. En effet, si la requérante

111 Cr. E. D. H., 29 avril 2002, *Pretty c/ Royaume Uni.*

112 Cr. E. D. H., 29 avril 2002, *Pretty c/ Royaume Uni*, préc.

invoquait un droit à l'autodétermination afin de sauvegarder sa dignité, il ne fallait pas oublier que le respect de la vie vise également à préserver la dignité humaine.

La Cour européenne des droits de l'Homme, en précisant sa lecture de l'article 2, confronte ce dernier au droit à l'autodétermination et fait prévaloir l'intangible droit à la vie. Il n'en reste pas moins que l'État doit justifier l'ingérence dans ce nouveau droit issu de l'article 8, notamment lorsqu'il est question de la fin de vie.

Si l'on s'interroge sur la faculté pour une personne de faire subir à une victime consentante des actes sadomasochistes impliquant la torture, deux droits fondamentaux entrent également en conflit.
En tant que concept matriciel de la Convention, la dignité humaine fonde l'interdiction de la torture et des traitements inhumains ou dégradants, cet article ne prêtant pas à confusion. Néanmoins, le droit au respect de la vie privée, et partant le droit à l'autodétermination, découlent également de la matrice.
Invoquer la nécessité du respect de la dignité afin de trancher ce conflit mène alors théoriquement à une impasse juridique. Dans cette hypothèse, la Cour de Strasbourg n'aurait nullement besoin, comme elle l'a fait pour le droit à la vie, de préciser que l'article 3 de la Convention ne saurait s'interpréter comme conférant un droit de subir la torture, des traitements inhumains ou dégradants. Le droit à l'autodétermination devrait alors plier sous l'intangible interdiction de l'article 3. Par ailleurs, il serait cohérent que la demande du requérant soit rejetée sur le fondement de l'abus de droit[113], en ce que l'invocation du droit à l'autodétermination viserait à contourner une interdiction qui n'admet aucune dérogation.

---

113 FABRE-MAGNAN (M.), op. cit. L'auteur considère que la requête aurait pu être rejetée sur le fondement de l'abus de droit dans l'affaire *« K. A. et A. D. c/ Belgique »*.

La dignité, bien qu'elle ait vocation à demeurer la matrice des droits fondamentaux, n'en reste pas moins séduisante du fait de son caractère absolu, lorsque le droit semble impuissant face à l'immoral[114].

§ 2. Un détournement du concept de dignité de sa vocation réelle

L'idée d'un concept matriciel dont la vocation est de faire émerger un éventail de droits fondamentaux ne pose en soi aucun problème, dans la mesure où les droits fondamentaux dont il est question font l'objet d'un consensus suffisant quant à leur interprétation. En effet, la jurisprudence désormais fournie de la Cour européenne des droits de l'Homme permet au juriste de saisir la substance de ces droits afin de les mobiliser à bon escient.
La dignité, quant à elle, ne fait pas partie des droits consacrés dans la Convention, et ne bénéficie pas des éclairages de la juridiction strasbourgeoise.

La Convention européenne de sauvegarde des droits de l'Homme n'a par conséquent pas initialement prévu que la dignité puisse être invoquée de la même manière que le sont les droits et libertés qui en découlent.
Malgré cela, la notion de dignité a pu être mobilisée, ainsi que le rappelle E. Dreyer[115], d'une part par le Conseil Constitutionnel comme un « principe à valeur constitutionnelle »[116], d'autre part par le Conseil d'État, qui considère dans la célèbre affaire du « Lancer de nain » que « la dignité est une composante de l'ordre public »[117].

E. Dreyer considère que cette mobilisation de la dignité tend à rapprocher le droit de la morale, et fait état d'un

114 DREYER (E.), « La dignité opposée à la personne », *D.*, 2008.
115 Ibid.
116 C.C., 94-343-344 D. C., 27 juillet 1994, *Lois bioéthique*.
117 C.E., Ass., 27 octobre 1995, préc.

« paternalisme »[118] inquiétant du droit. Le justiciable auquel est opposée la dignité ne serait pas en mesure de s'approprier convenablement sa propre humanité et aurait besoin d'être remis dans le droit chemin, y compris dans son intimité.[119]
A ce sujet, G. Lebreton souligne « qu'au nom même de la dignité on place une personne majeure et en pleine possession de ses moyens intellectuels sous la tutelle de la volonté d'autrui »[120].

Les cas qu'évoque E. Dreyer dans son article « La dignité opposée à la personne »[121] relèvent d'une mobilisation de la dignité dans sa composante objective. En effet, dans l'affaire du « Lancer de nain »[122], l'homme était ravalé au rang d'une chose. Il évoque également une autre affaire dans laquelle une radio, afin de faire gonfler son audimat, instrumentalisait des cadavres humains[123]. L'homme, même sans vie, était ravalé au rang d'un moyen, et donc également d'une chose.
Au sujet de cette dernière affaire, E. Dreyer convient que la dignité puisse être invoquée s'il s'agit de protéger la personne dont parlent les animateurs, mais qu'il serait en revanche aberrant de considérer que les animateurs se sont montrés indignes d'eux-mêmes. Dans cette dernière hypothèse, il précise que « leur responsabilité envers autrui passe au second plan, derrière leur responsabilité envers eux-mêmes »[124]. Néanmoins, cette seconde hypothèse ne nous semble par réellement envisageable car l'atteinte à la dignité n'était consommée qu'au regard de l'instrumentalisation des

---

118 DREYER (E.), op. cit.

119 Ibid.

120 LEBRETON (G.), « Les ambiguïtés du droit français à l'égard de la dignité de la personne humaine », in *Mélanges P. Gélard*, Montchrestien, 2000, p. 59.

121 DREYER (E.), op. cit.

122 C.E., Ass., 27 octobre 1995, préc.

123 C.E., S.S.R., 30 août 2006, *Association Free Dom.*

124 DREYER (E.), op. cit.

cadavres. Les animateurs, dans le but de faire grimper leur audimat, ne s'étaient pas eux-mêmes ravalés au rang de choses. Porter atteinte à la dignité d'autrui ne peut, à notre sens, être également vu comme une atteinte à sa propre dignité. Un tel élargissement de la définition aboutirait à davantage de confusion sur cette notion.

L'invocation d'une atteinte à la dignité dans sa composante subjective s'avère quant à elle particulièrement dangereuse. Elle permet d'exercer un contrôle sur les libertés individuelles avec une marge d'appréciation effrayante.
Des organisateurs d'une exposition artistique ont pu être condamnés pour une atteinte à la dignité humaine, du fait de la violence des œuvres exposées et de la possibilité qu'avaient les enfants d'y accéder[125]. Il ne s'agit pas ici de nous interroger sur la question de savoir si l'art peut tout se permettre, mais il faut souligner qu'il n'était nullement question d'une violation objective de la dignité. La condamnation était basée de l'idée que se faisait le juge d'une violence intolérable au regard de l'humanité des enfants susceptibles de voir les œuvres. Cette invocation de la dignité par le juge afin d'interdire une exposition artistique s'apparente également à une immixtion de la morale dans le droit. Le seuil de la violence humainement intolérable nous semble ici placé bien bas.

La notion de dignité, bien qu'E. Dreyer la considère désormais comme généralement acquise[126], nous semble tout de même varier dans la doctrine. Il n'est nullement défendu de réfléchir sur un tel concept, mais il en va autrement lorsqu'il est question de l'invoquer. Ainsi que le souligne très justement C. Sevely, « La dignité n'est pas à notre disposition. Mais elle n'est pas à la disposition d'un autre »[127].

---

125 T. G. I., Metz, 21 novembre 2013, *Agrif c/ Frac de Lorraine.*

126 DREYER (E.), op. cit.

127 SEVELY (C.), op. cit.

Le rappel de « l'inviolabilité »[128] de la dignité est, à notre sens, bien plus un drapeau commun à toutes les nations qui souhaitent justifier l'émergence de droits fondamentaux qu'un véritable « principe » invocable.

Une limite au droit à l'autodétermination fondée sur la dignité s'apparenterait alors, ainsi que l'a souligné E. Dreyer, à une morale déplacée dans le domaine du droit[129]. Un concept moraliste dont le sens peut varier d'un juriste à l'autre, érigé en « principe » inviolable[130], risque d'aboutir à une restriction problématique des libertés individuelles, notamment lorsqu'il est question du rapport de soi à soi.

Néanmoins, le respect de la dignité ne doit pas pour autant être regardée comme une limite excessive à l'autonomie personnelle, mais plutôt lacunaire.

Section 2. L'insuffisance d'une limite fondée sur la dignité

Une limite à l'autonomie personnelle fondée sur le respect de la dignité serait insuffisante en ce qu'un trop grand nombre de violences (§ 1) et d'humiliations (§ 2) graves, lorsqu'elles sont consenties, seraient susceptibles d'échapper à la répression pénale.

§ 1. Les violences physiques consenties respectueuses de la dignité

Il ne s'agit pas uniquement de se placer du point de vue de celui qui consent à souffrir, mais également de celui qui violente avec l'accord de l'autre. Le droit à l'autonomie

---

128 Charte des droits fondamentaux de l'Union Européenne, Chapitre I, Article premier.

129 DREYER (E.), op. cit.

130 Charte des droits fondamentaux de l'Union Européenne, Chapitre I, Article premier, préc.

personnelle ne permet pas uniquement de subir librement, mais également à celui qui violente une personne consentante de ne pas subir la répression pénale. L'impossibilité de principe de condamner une personne pour coups et blessures, suite à des rapports sadomasochistes consentis, illustre particulièrement bien cette idée. La Cour de Strasbourg a en effet récemment précisé que « le droit pénal ne peut, en principe, intervenir dans le domaine des pratiques sexuelles consenties qui relèvent du libre arbitre des individus »[131].

Si l'on fonde la limite au droit à l'autodétermination sur la dignité, le fait de violenter une personne consentante est uniquement répréhensible dans le cas où ces violences excluent la personne du genre humain[132], ou lorsque le niveau de violence est tel qu'il ne peut être toléré[133] au regard de la valeur d'un être humain.

Par conséquent, lors d'un consentement à lésion, une atteinte à la dignité n'est consommée que par certains actes spécifiques, ou uniquement lorsque le seuil de violence atteint un niveau extrême, dont nul ne sait où il se situe précisément.

Une telle limite est lacunaire dans la mesure où elle englobe certains actes et en exclut d'autres, sans qu'il soit réellement question de la gravité de l'atteinte. Si la gravité n'est pas centrale dans la morale, elle doit guider le droit pénal.

En effet, donner des coups à une personne ne revient pas à la ravaler au rang de l'animal ou de la chose. On ne violente pas une chose, et il n'est nullement admis que l'on puisse battre impunément un animal. Deux personnes qui décident de se battre en pleine rue consentent mutuellement à la violence physique. Sachant que les coups qu'ils se

---

131 Cr. E. D. H., 17 février 2015, *K. A. et A. D. c/ Belgique*, préc.

132 GOGORZA (A.), op. cit., p. 111.

133 Ibid.

portent ne violent pas la dignité dans sa composante objective, il faut alors regarder l'acte sous le prisme de la composante subjective afin de déterminer si le seuil de l'humainement intolérable a été franchi. L'insuffisance d'une limite à l'autodétermination fondée sur la dignité est en l'espèce difficilement contestable, mais il convient de s'attarder un peu sur cette composante subjective de l'atteinte à la dignité.

Il semble que la dignité humaine, lorsqu'elle fut érigée en tant que matrice des droits fondamentaux, visait l'atrocité des violences commises lors d'une période de l'histoire[134] que l'on qualifie aujourd'hui de sombre. Face aux traitements subis par des populations à certaines époques, la société actuelle, celle qui érige la dignité en valeur absolue, considère que le seuil de l'humainement intolérable a été franchi. Suite aux atrocités commises sous l'Allemagne Nazie, la société humaine a réagi, qualifiant ces actes de crimes contre l'humanité au tribunal de Nuremberg. Cette période, mais elle n'est pas la seule, est considérée par une société soucieuse des droits de l'homme comme un plaie qui ne se refermera jamais. A. Gogorza souligne à ce titre que « les infractions pénales protégeant l'humanité, et partant la dignité humaine, sont construites exactement sur ce même modèle »[135]. Néanmoins, l'existence d'un seuil concret placé par l'État au delà duquel le crime contre l'humanité est caractérisé distingue en réalité ce dernier de l'atteinte à la dignité par l'humainement intolérable. Le premier seuil est à l'appréciation de l'État, tandis que le second ne l'est théoriquement pas. Il n'en reste pas moins que le juge peut décider de façon subjective qu'un acte a franchi ce seuil fatidique.

---

134 Ibid., p. 103.

135 Ibid, p. 111.

Certaines sociétés ont admis les combats privés, ne serait-ce que pour la défense de l'honneur. Doit-on pour autant considérer ces époques comme des périodes sombres de notre histoire ? En ces temps, les hommes réglaient les conflits d'une autre façon, ils vivaient sous des mœurs différentes. Ces mœurs ont bien sûr évolué au fil des époques, mais notre société ne s'indigne pas aujourd'hui de ce type de règlement des conflits comme elle s'indigne au sujet des actes commis lors de la Seconde Guerre mondiale.
Il s'ensuit que deux personnes qui décident de se battre ne consomment probablement aucune atteinte à la dignité. Si le droit à l'autodétermination permet de « s'adonner à des activités perçues comme étant d'une nature physiquement ou moralement dommageables ou dangereuses pour sa personne »[136], et que le principe de dignité est sa limite, alors il n'est pas possible de réprimer les violences consenties lors d'un combat privé.

Il est également intéressant d'évoquer la technique de lyse adipocytaire, une chirurgie amincissante désormais interdite en France, alors qu'elle était auparavant autorisée. La chirurgie esthétique implique en effet une atteinte physique consentie par le patient. La Haute Autorité de Santé a fait part de son inquiétude quant aux dangers d'une telle technique, conduisant le ministère de la Santé à interdire cette pratique par un décret en 2011[137]. En l'état du droit, pratiquer un cet acte chirurgical est constitutif d'une violence médicale volontaire.
Cette chirurgie ne ravale pas l'homme au rang de l'animal ou de la chose, et ne peut probablement pas être considérée comme intolérable au regard de l'humanité du patient du seul fait de sa dangerosité, sachant qu'elle était tout de même acceptée et utilisée avant 2011.

---

136 Cr. E. D. H., 29 avril 2002, *Pretty c/ Royaume Uni*, préc.

137 NAUD (J-Y.), « La France interdit toutes les techniques de lyse adipocytaire », *Rev. Méd. Suisse*, 2011.

Si seule la dignité pouvait limiter le droit à l'autodétermination du patient, alors il serait impossible de réprimer cet acte chirurgical dans le cas où le patient, conscient du danger, souhaiterait tout de même y être soumis. Il en irait de la violation de l'article 8 de la Convention européenne des droits de l'Homme.

La dignité, « horizon le plus élevé »[138] de protection de l'homme, ne peut être considérée comme la limite du droit à l'autodétermination sans lui laisser un champ très large. Bon nombre d'atteintes physiques consenties, respectueuses de la dignité, ne pourraient alors être réprimées par la société. Il en irait de même pour certaines humiliations consenties malgré leur gravité.

§ 2. Les humiliations consenties respectueuses de la dignité

Le droit à l'autodétermination n'implique pas seulement la possibilité de consentir à la violence physique, mais également à la violence morale, l'humiliation. Il s'agit ici d'une altération consentie de l'image que l'on renvoie de soi à la société[139].

Ravaler une personne au rang d'un animal ou d'une chose humilie effectivement cette personne, mais l'inverse n'est pas toujours vrai. L'humiliation d'une personne ne consomme pas systématiquement une atteinte à la dignité[140]. Il s'ensuit qu'une limite au droit à l'autodétermination fondée sur la dignité serait également lacunaire lorsqu'il s'agit de réprimer certaines infractions impliquant une violence morale consentie.

---

138 FABRE-MAGNAN (M.), « La dignité en Droit : un axiome », op. cit.

139 LEPAGE (A.), op. cit.

140 GOGORZA (A.), op. cit., p. 111.

Il est question, au chapitre du Code pénal relatif aux atteintes à la dignité, des « conditions de travail et d'hébergement contraires à la dignité »[141]. L'atteinte à la dignité semble acquise lorsqu'il est question de cette infraction, sachant que la notion de dignité est elle-même incluse dans le libellé du texte répressif. Cette infraction suppose la connaissance par l'auteur de l'état de dépendance ou de la vulnérabilité de la victime.

Une personne en situation irrégulière, ou n'ayant pas les documents ou cautions nécessaires afin de trouver un logement, se trouve dans une situation de vulnérabilité car le logement est à la base de l'insertion dans la société. Un bailleur peu scrupuleux se retrouve dès lors en position de force, et peut accepter de louer un appartement en abusant de cette position, soumettant de fait cette personne à ses conditions. La personne peut se contenter du bail proposé, bien que l'appartement loué soit extrêmement vétuste.
Le consentement de la victime n'est pas un fait justificatif permettant au bailleur d'échapper à l'application de l'article 225-14 du Code pénal. Or, le locataire peut considérer qu'il n'aura pas d'autres possibilités du fait de sa situation, décider que l'appartement lui convient malgré sa vétusté, et faire valoir son droit à l'autodétermination.
En admettant que la dignité soit la limite au droit à l'autodétermination, il n'est pas certain que l'on puisse réprimer le comportement du bailleur.

Une violation de la dignité dans sa composante objective implique que le logement dont il est question puisse être normalement attribué à un animal ou à une chose.
Seul un logement tellement étroit qu'il est assimilable à un placard ravale le locataire au rang de chose. En effet, on ne loge pas une chose, on la range. Il est assez absurde

141 Article 225-14 du Code pénal.

d'imaginer qu'un logement, aussi vétuste soit-il, puisse être aussi étroit qu'un simple placard.
Le logement ravale le locataire au rang de l'animal s'il peut être comparé à une niche, une écurie, ou tout type d'abris prévu pour un animal. Il s'ensuit qu'un logement contenant ne serait-ce qu'un lit, ou tout type de mobilier destiné à un être humain, ne peut être assimilé à ce que l'on utiliserait pour un animal. Les hypothèses dans lesquelles un hébergement porte atteinte à la dignité dans sa composante objective sont donc probablement très rares, bien qu'elles puissent malheureusement exister.

Il reste à se demander si la violence morale subie du fait de l'insalubrité du logement pourrait être considérée comme intolérable au regard de l'humanité du locataire. Bien qu'il soit impossible de répondre objectivement à cette question, les juges invoquent parfois l'atteinte à la dignité dans sa composante subjective, ainsi que nous l'avons précédemment souligné.
Il ne semble pas, à notre sens, que la vétusté d'un logement doive être considérée comme atteignant un tel seuil de violence. Le regard que l'on porte sur un logement varie en fonction de ce dont bénéficient d'une façon générale les autres concitoyens. Le locataire subit une violence morale dans la mesure où il ne bénéficie pas du même confort que les autres, mais il accède tout de même à un logement. Si l'insalubrité d'un appartement est considérée comme intolérable au regard de la valeur de l'homme, alors que penser de la condition des personnes qui dorment dans la rue ? L'inconfort, lorsqu'il est accepté par la personne, ne doit probablement pas être considéré comme franchissant le seuil de l'humainement intolérable.

Le fait de soumettre une personne vulnérable à des conditions d'hébergement abusives, humiliantes au regard de ce dont bénéficient les autres, ne consomme pas selon nous

une atteinte à la dignité humaine, si ce n'est dans les rares cas où le logement s'apparente à l'abri d'un animal.
Si l'on considère la dignité comme la limite à l'autonomie personnelle, il n'est pas possible de réprimer le comportement prévu à l'article 225-14 du Code pénal dans l'hypothèse où le locataire souhaite conserver le logement proposé.

Pour conclure sur ces premiers développements, si la dignité présente l'avantage d'être absolue, elle a l'aspect d'une morale[142], et la dimension subjective de ce qu'est une violence intolérable au regard de l'humanité laisse une trop grande marge d'appréciation. Par ailleurs, si seules les violences consenties ayant la spécificité de violer la dignité de façon objective donnent prise à la répression, le consentement devient un fait justificatif dans les nombreux autres cas de figure. Cette négation d'un principe fondamental du droit pénal n'est pas souhaitable, et nous incite à chercher la limite du domaine de l'autonomie personnelle à travers la conception d'une autre notion. L'intégrité peut, à notre sens, être définie afin de préserver la substance du principe selon lequel le consentement n'est pas un fait justificatif.

142 DREYER (E.), op. cit.

2ème PARTIE

LA PROTECTION DE L'INTÉGRITÉ, UNE LIMITE JUSTIFIÉE

2ème Partie. La protection de l'intégrité, une limite justifiée

Si le respect de la dignité humaine est un fondement inapproprié afin de limiter l'autonomie personnelle, il s'avère néanmoins nécessaire d'encadrer juridiquement la faculté dont dispose le justiciable de consentir à la violence.
Il n'est probablement pas judicieux de mobiliser un « principe » absolu créé à partir d'un concept symbolique, s'il est possible de justifier que l'une des valeurs dont nous disposons déjà est susceptible de contenir en elle-même le fondement juridique de la limite que nous cherchons.

Il est avant tout nécessaire de s'interroger sur la particularité de ce droit à l'autodétermination afin de comprendre de quelle manière procéder afin de l'endiguer. L'essence de ce « droit » étant la volonté individuelle, à défaut d'une morale, il est possible de le limiter par la volonté de tous. La limitation de l'autonomie personnelle doit alors découler d'une valeur supérieure au sein de laquelle le regard social prime sur la volonté de l'individu. Lors d'un consentement à lésion, il est possible de s'interroger sur la valeur protégée en droit pénal qu'est l'intégrité. Cette notion n'ayant jamais été juridiquement définie[143], elle est probablement celle qui doit nous intéresser.

---

143 PIN (X.), « Consentement à lésion », in *La liberté du consentement, le sujet, les droits de l'Homme et la fin des « bonnes moeurs »/2*, Droits, Revue française de théorie, de philosophie et de culture juridiques, P. U. F., 2009, p. 103. L'auteur souligne que l'intégrité n'a jamais été définie en droit.

L'intégrité peut alors être définie au sens du droit pénal (Chapitre 1), afin de justifier les limites du domaine de l'autonomie personnelle (Chapitre 2).

Chapitre 1. La protection de l'intégrité au sens du droit pénal

La notion d'intégrité, bien qu'elle soit omniprésente dans le domaine juridique, n'est pas clairement définie.
Il existe d'une part une confusion entre la notion de dignité et l'intégrité morale, cette dernière étant à notre sens une composante de l'intégrité. Par ailleurs, la notion d'intégrité, utilisée de façon subjective par les juristes, ne peut coïncider avec la définition étymologique du mot (Section 1).
Dans un souci de cohérence du droit pénal, elle pourrait être juridiquement définie comme la part de l'être, qu'elle soit physique, psychique ou morale, à respecter selon les choix de la personne, et selon le regard de la société en cas d'atteinte consentie (Section 2).

Section 1. Une notion aux contours juridiques fuyants

Il n'aura pas échappé au lecteur que nous adoptons dans ce mémoire une conception stricte de la dignité. La rigueur de cette conception peut être compensée par la reconnaissance d'un droit autonome à l'intégrité morale, véritable « valeur curseur ».
L'honneur, souvent rattaché au concept de dignité, est en réalité plus proche de l'intégrité morale. Cette dernière notion, distincte de l'intégrité physique et psychique, est à notre sens une composante de l'intégrité en ce qu'elle est également une part de l'être (§ 1).
Face à l'impossibilité de retenir une conception purement étymologique de l'intégrité en droit, il s'avère nécessaire de

construire une définition juridiquement cohérente de la notion (§ 2).

§ 1. La confusion fréquente entre intégrité morale et dignité

Bien que l'intégrité et la dignité soient considérées comme deux valeurs distinctes protégées dans le Code pénal, ces deux notions font fréquemment l'objet d'une confusion. La notion d'intégrité morale, bien qu'elle soit à notre sens une composante de l'intégrité, est souvent rattachée à tort au concept de dignité.

L'intégrité morale est définie par A. Lepage comme « le respect de l'image sociale »[144]. Dans un souci de respect de l'intégrité morale, « L'individu a la maîtrise de ce qu'il entend laisser filtrer de sa personnalité, de ce qui fait qu'il est cette personne en particulier et non pas une autre »[145]. Il s'agit bien de la façon dont l'individu souhaite être perçu par les autres. Cette notion, très subjective, se distingue nettement de la dignité, bien plus objective car elle est inhérente à la valeur de l'homme[146]. Tandis que l'intégrité morale est fonction du regard des autres, la dignité humaine est théoriquement invariable, indifférente du regard social.

La définition que donnent J. Pradel et M. Danti-Juan de l'atteinte à la dignité, en ce qu'elle mentionne le fait de « traiter la personne comme une chose, comme un animal, ou, dans le meilleur des cas, comme un être auquel serait dénié tout droit à l'honneur et à la considération »[147], nous semble inclure dans la notion de dignité l'intégrité morale de la personne. Sachant qu'il est ici question de l'honneur, il est

---

144 LEPAGE (A.), « Droits de la personnalité », *Répertoire de droit civil,* 2009.

145 Ibid.

146 FABRE-MAGNAN (M.), « La dignité en Droit : un axiome », *Revue interdisciplinaire d'études juridiques,* 2007.

147 PRADEL (J.), DANTI-JUAN (M.), *Droit pénal spécial*, 5e éd., Cujas, 2010, p. 254.

nécessaire de saisir les contours de cette notion afin d'être en mesure de la rattacher à la dignité ou à l'intégrité morale.

L'honneur est tout d'abord défini comme la « Dignité morale »[148]. Cette première acception du mot semble rattacher l'honneur à la dignité, mais la suite de la définition s'éloigne en réalité considérablement de la conception juridique de la dignité, pour se rapprocher de celle de l'intégrité morale.
En effet, l'honneur est par la suite défini comme le « fait de mériter la considération, l'estime (des autres et de soi-même) sur le plan moral et selon les valeurs de la société »[149]. Cette précision dans la définition de l'honneur met en évidence l'importance du regard social, et partant l'aspect variable de la notion. L'idée qu'une personne se fait de son honneur varie en fonction des mœurs de la société, des valeurs véhiculées à une période ou en un lieu donné. Un acte pourra être considéré comme une atteinte à l'honneur à une époque, tandis qu'il ne le sera pas à une autre. Par ailleurs, au sein d'une même époque, le respect de l'honneur peut dicter des comportements totalement différents d'un groupe social à un autre.

Cette définition de l'honneur coïncide en tous points avec le concept d'intégrité morale tel qu'il est défini par A. Lepage[150], et se distingue assez clairement de la notion de dignité. Néanmoins, la confusion entre l'intégrité morale et la dignité est aisément compréhensible au regard de l'utilisation courante de la notion de dignité. Les premiers mots de la définition de l'honneur donnés par le dictionnaire[151] en sont une illustration criante. A. Gogorza

---

148 ROBERT (P.), *Le Nouveau Petit Robert*, (Texte remanié et amplifié sous la direction de REY-DEBOVE (J.) et REY (A.)), Dictionnaires Le Robert - Paris, 2000, p. 1231.

149 Ibid.

150 LEPAGE (A.), op. cit.

151 ROBERT (P.), op. cit., p. 1231.

rappelle qu'à l'époque du droit romain, « la dignité était intimement liée à la considération sociale – elle pouvait d'ailleurs se perdre avec elle – et avait pour objet la sauvegarde de l'intégrité morale des personnes en leur garantissant la défense de leur réputation, leur honneur ou leur image »[152]. Néanmoins, la dignité en tant que matrice des droits fondamentaux n'est pas la dignité telle qu'elle était conçue à l'époque romaine, en ce qu'elle est aujourd'hui le symbole de la valeur de l'homme[153]. Cette citation de A. Gogorza sous-entend que l'auteur distingue nettement la dignité telle qu'elle est juridiquement conçue de nos jours de l'intégrité morale.

L'intégrité morale doit, à notre sens, être considérée comme l'une des composantes de l'intégrité, aux côtés de l'intégrité physique et psychique, en ce que l'image de soi est également une part de l'être qui peut être violentée. Il est néanmoins compréhensible que l'intégrité morale soit communément exclue de la notion globale d'intégrité tant cette composante se distingue des deux autres.
L'atteinte physique ou psychique est quantifiable en droit pénal au moyen de l'incapacité totale de travail (I. T. T.) constatée par un médecin. L'infraction réprimée dans le cadre des violences est d'ailleurs qualifiée en fonction de ce résultat. L'atteinte physique peut être, dans la majorité des cas, objectivement constatée sur le corps de la victime. L'atteinte psychique n'est constatable qu'en interrogeant la personne, par une méthode subjective. Néanmoins cette distinction est à relativiser, car avec le développement des neurosciences, certaines altérations psychiques de la personne sont directement observables dans le cerveau. Les chercheurs ont notamment pu constater que la dépression entraine chez la personne une atrophie de la région de

---

152 GOGORZA (A.), « La dignité humaine », in GOGORZA (A.) (sous la dir. de), SAINT-PAU (J-C.), *Droits de la personnalité*, Traités, Lexisnexis, 2013, p. 94.

153 FABRE-MAGNAN (M.), op. cit.

l'amygdale[154]. Cette possibilité d'observer directement sur le corps de la victime, dont fait partie le cerveau, l'altération subie du fait d'une violence psychique, ferait quasiment coïncider les notions d'atteinte physique et psychique. Bien qu'une telle possibilité ne soit pas encore à l'ordre du jour, ces deux types d'atteinte sont incontestablement très proches l'une de l'autre.

L'atteinte morale se distingue nettement des deux autres dans la mesure où elle n'est pas observable sur le corps de la personne, ni quantifiable par un médecin. À la différence de la souffrance physique ou psychique, la souffrance morale n'est envisageable que dans l'interaction avec les autres. Elle résulte de la perception que l'on a du regard des autres, d'une altération de l'image qui nous représente au sein de la société[155]. Une personne vivant sans interaction avec autrui peut souffrir physiquement ou psychiquement, mais pas moralement. Cette idée transparaît dans l'expression « l'honneur est sauf », lorsque l'on a dégradé son image sans qu'autrui ne s'en aperçoive. Il est à noter que le droit à l'intégrité morale perdure de façon particulière à la mort de la personne, en ce que la société exige un respect de l'honneur des personnes décédées.

§ 2. L'émancipation nécessaire de la définition étymologique

La notion d'intégrité, bien qu'elle soit souvent utilisée par les pénalistes, demeure assez floue en droit[156]. Il est néanmoins indéniable que ce terme ne peut être juridiquement mobilisé au sens strict de sa définition étymologique.

---

154 JAVALA (J.), GRIFFITHS (S.) and MARAUN (M.), *The myth of the born criminal : psychopathy, neurobiology, and the creation of the modern degenerate*, University of Toronto, Scholarly Publishing Division, 2015, p. 149.

155 LEPAGE (A.), op. cit.

156 PIN (X.), op. cit., p. 103.

Etymologiquement, *Integer* signifie « non touché, qui n'a reçu aucune atteinte, non entamé, intact »[157]. Le préfixe *in* est la négation, et *tangere* est le verbe « toucher ».

L'avocat Cicéron, dans *Les Verrines*, en parle comme de ce qui est préservé de tout dommage, et en fait un motif d'accusation à l'encontre de Verrès, qui a littéralement avili tout ce qu'il a eu entre les mains[158]. L'adjectif se retrouve à de nombreuses reprises dans le texte, avec le nom dérivé *integritas.*

Si l'on se réfère à cette définition étymologique, il suffit de considérer qu'une personne n'est plus intacte pour affirmer qu'il a été porté atteinte à son intégrité. Une telle conception de l'intégrité en droit relèverait de l'absurde, sachant que le simple fait de toucher une personne ne laisse pas son corps intact.
Tout d'abord, du point de vue physique, le moindre contact modifie le corps de la personne touchée, il retire au minimum des cellules de la peau. Une telle vision microscopique des choses peut sembler exagérée, mais elle montre à quel point cette stricte définition que l'on pourrait appliquer dans le domaine de la science n'a aucune place en droit.
Par ailleurs, du point de vue psychique, le simple fait d'évoquer un fait troublant lors d'une conversation avec une personne provoque une réaction émotionnelle chez cette dernière, aussi infime soit-elle. Au sens strict, l'intégrité psychique de l'interlocuteur n'est plus intacte.

---

157 GAFFIOT (F.), *Dictionnaire LATIN - FRANCAIS*, Hachette Livre, 1934, p. 836.

158 CICÉRON, *Seconde action contre Verrès*, Collection des Auteurs latins publiés sous la direction de NISARD (M.), t. II, Paris, Dubochet, 1840, livre V, §2, traduction CHAUVIN (C.) (Université de Nantes) : *mirabar quod Apollonius, homo pecuniosus, tam diu integer ab isto maneret*, « on s'étonnait qu'Apollonius, un homme riche, fût demeuré si longtemps indemne des entreprises de Verrès ».

Enfin, d'un point de vue moral, le fait de rire d'une personne lorsqu'elle fait le moindre faux pas, ne serait-ce que lorsqu'elle renverse son verre, est déjà une légère humiliation. L'intégrité morale de la personne, si l'on s'en tient à la définition étymologique de l'intégrité, est atteinte dès que l'on souligne la moindre imperfection de l'image d'autrui.

Ces atteintes à l'intégrité physique, psychique ou morale de la personne, entendues au sens étymologique, sont des actes évidemment considérés comme normaux dans une vie en société. Force est de constater que le juriste a sa propre vision de l'intégrité, assez distincte de l'acception stricte du terme. Néanmoins, le juriste mobilise cette notion de façon subjective, sans réellement savoir où se situe le seuil d'une atteinte à l'intégrité au sens du droit pénal.

Pour le pénaliste, il existe un lien manifeste entre l'idée de violence et la notion d'intégrité. X. Pin rappelle que « l'intégrité physique ou psychique (…) est la valeur sociale protégée par les textes réprimant les différentes formes de violence »[159].

Néanmoins, à partir de quelle intensité un toucher devient-il un coup, sachant qu'il n'y a pas systématiquement besoin de traces physiques pour considérer qu'il s'agit de violence ? La question se pose également concernant l'atteinte psychique d'une personne, car nul ne sait à partir de quelle intensité de trouble causé un comportement doit être considéré comme une violence. Nul n'est enfin capable de dire quel est le seuil d'humiliation à partir duquel il est question de violence morale envers une personne.

Un vol avec violence[160] est caractérisé dans le cas où la victime du vol est agressée physiquement par l'auteur, mais également lorsqu'elle est choquée par celui-ci. Le choc

159 PIN (X.), op. cit., p. 103.

160 Article 311-4 du Code pénal.

émotionnel peut notamment être provoqué par la menace d'une arme. L'auteur de l'infraction porte alors atteinte à deux valeurs protégées en droit pénal, le droit de propriété ainsi que l'intégrité de la personne. Dans la première hypothèse, l'atteinte au droit de propriété s'accompagne d'une atteinte à l'intégrité physique. Dans la seconde hypothèse, elle s'accompagne d'une violation de l'intégrité psychique de la victime, du fait de la peur suscitée par l'acte.

Le fait de provoquer un choc émotionnel est alors potentiellement une infraction[161]. Le droit pénal réprime par ailleurs certains actes dont l'objectif est uniquement de provoquer la peur, tel est le cas de la menace[162]. Néanmoins il serait absurde de réprimer bon nombre de comportements de la vie courante bien qu'ils aient pour but de susciter l'angoisse chez l'autre. Le fait de faire peur à son conjoint en lui montrant un film effrayant n'est évidemment pas réprimé, bien que certains films soient considérés comme réellement traumatisants, et que leur visionnage puisse provoquer chez une personne sensible un choc important.

L'hypothèse selon laquelle tout choc émotionnel est une atteinte à l'intégrité psychique pose problème, sachant que l'intégrité est une valeur protégée en droit pénal.
En principe, il ne s'agit pas de savoir si le niveau d'atteinte à la valeur protégée est suffisant afin de justifier la répression pénale, mais seulement de savoir si la valeur a été atteinte. Il n'existe pas un seuil d'atteinte à la liberté sexuelle ou au droit de propriété qui justifie la répression, car la moindre atteinte à ces valeurs est pénalement réprimée.
Or, ainsi que nous l'avons souligné, toute personne qui provoque chez autrui un choc émotionnel ne commet pas une infraction pénale. Il semble que seuls les chocs provoqués dans certains cas concernent le droit pénal. Il

161 Cass. Crim., 17 juin 1992, *bull. crim.* n°243.

162 Article 222-17 du Code pénal.

serait par ailleurs illogique, au regard des autres valeurs protégées, de considérer qu'une atteinte à l'intégrité psychique doive être d'une intensité suffisante afin de justifier la répression. La notion de choc émotionnel ne peut alors coïncider avec l'idée d'une atteinte à l'intégrité psychique sans faire sombrer le droit pénal dans l'incohérence.

Si l'on adopte une définition juridique de l'intégrité, distincte de la définition étymologique du mot, il est nécessaire de définir un seuil d'atteinte physique, psychique ou morale, à partir duquel il est question de l'intégrité de la personne.

Section 2. L'intégrité, trois dimensions de l'être à respecter selon les choix de la personne et le niveau de tolérance sociale

Certaines violences sont pénalement réprimées sur le fondement du respect de l'intégrité de la personne. L'intégrité est par conséquent ce qui est atteint par ces violences. Elle peut ainsi être définie comme la part de l'être, qu'elle soit physique, psychique ou morale, à respecter selon les choix de la personne (§ 1), et lorsque l'atteinte est consentie, selon le niveau de tolérance de la société (§ 2).

§ 1. La part physique, psychique ou morale de l'être à respecter selon ses choix

X. Pin, avant de proposer une conception des violences visant à délimiter ce qui doit être réprimé, précise que « ces violences ne méritent d'être réprimées que si elles constituent bien des atteintes à l'intégrité physique ou psychique de la personne, or lorsque la victime consent à la lésion de soi-même, il n'est pas certain que l'intégrité soit lésée : tout dépend de la définition que l'on donne de cette valeur protégée »[163]. Cette idée emporte notre conviction en ce qu'elle aboutit, selon nous, à cerner une première composante de la définition juridique de l'intégrité. L'auteur, bien qu'il ne poursuive pas dans cette direction, donne une piste que nous suivrons afin de proposer une définition globale de la notion.

Si l'on souhaite définir juridiquement l'intégrité, il est nécessaire de partir du principe que l'atteinte à l'intégrité, au contraire de la simple atteinte, mène systématiquement à la répression pénale. Ainsi que nous l'avons précédemment souligné, lorsqu'il est question d'une valeur protégée en droit pénal, la moindre atteinte justifie la répression de l'acte incriminé. Par conséquent, bien que toute violence ne mène pas forcément à la répression, toute violence réprimée porte atteinte à l'intégrité.
Il ne s'agit pas ici de définir la notion afin de déterminer quels comportements doivent être incriminés, mais d'analyser les comportements réprimés afin de déterminer exactement la valeur que l'on protège. La définition à laquelle nous souhaitons aboutir vise à justifier la répression pénale, non à la corriger.

Lorsque X. Pin évoque la répression des violences, il s'intéresse tout d'abord à l'atteinte non consentie, qu'il qualifie « d'agression »[164]. Cet auteur s'appuie alors sur le cas de la pénétration sexuelle, qui fait passer l'acte du statut de relation sexuelle normale lorsqu'elle est consentie au statut de viol lorsqu'elle ne l'est pas[165]. Bien qu'il s'agisse ici de protéger la liberté sexuelle, l'exemple illustre bien les conséquences d'une absence de consentement lorsqu'il est question de qualifier ou de ne pas qualifier un acte d'infraction pénale.

---

163 PIN (X.), op. cit., p. 100.

164 Ibid.

165 Ibid.

Néanmoins, X. Pin souligne la distinction entre l'atteinte et la violence, la dernière étant selon lui de nature à être systématiquement réprimée, au contraire de la première. Il précise notamment que lors d'un combat de boxe, les coups portés ne peuvent être considérés comme des violences, car l'atteinte est consentie. Selon cet auteur, « de la même façon qu'il n'y a pas de viol en cas d'acte sexuel consenti par la personne pénétrée, il ne devrait pas y avoir de violence, en cas d'atteinte à l'intégrité corporelle consentie par la personne lésée (…) »[166].

Cette théorie suppose tout d'abord qu'il soit possible pour la victime, en droit pénal, de consentir à ce que la valeur protégée soit atteinte. X. Pin s'appuie sur la doctrine allemande[167], ainsi que sur les propositions de R. Merle et A. Vitu[168], selon lesquelles la victime pourrait consentir à l'atteinte de certaines valeurs protégées considérées comme disponibles.

Si l'on envisage l'acte sexuel consenti entre deux personnes, le consentement de l'une à être pénétrée ne peut être considéré comme le fait d'accepter l'atteinte à une valeur protégée disponible. Dans cette hypothèse, la liberté sexuelle de la personne pénétrée est respectée, la valeur n'est tout simplement pas atteinte. Lorsque l'intégrité est réellement atteinte et que l'infraction est caractérisée, le consentement, s'il a pour effet de déresponsabiliser l'auteur, est un fait justificatif. L'idée d'une valeur disponible a pu être évoquée au regard de la protection de la vie privée[169], néanmoins cela nous semble contestable. S'il est question de protéger le « respect » de la vie privée, alors le fait de révéler l'intimité

---

166 Ibid.

167 Ibid., p. 104.

168 MERLE (R.), VITU (A.), *Traité de droit criminel*, t. 1, Paris, Cujas, 1997, p. 442.

169 SALVAGE (P.), « Le consentement en droit pénal », *R. S. C.*, 1991. L'auteur évoque un courant doctrinal selon lequel, dans le silence de la loi, il serait possible de consentir à la révélation du secret professionnel.

d'une personne après avoir obtenu son consentement n'atteint pas la valeur. L'irrespect serait en revanche consommé si l'intimité était révélée en l'absence du consentement de la personne concernée. Le simple fait de requérir le consentement de la personne prouve que la valeur est respectée. Si l'on retient l'idée selon laquelle la vie privée est une valeur disponible, alors il est possible de dire, par analogie, que l'intimité sexuelle l'est également. Or, ainsi que nous l'avons souligné, il n'est pas question de la protection de l'intimité sexuelle mais bel et bien de son respect, la liberté sexuelle. Dans cette hypothèse, le consentement du partenaire sexuel implique que l'intimité sexuelle de ce dernier est respectée, et partant que la valeur protégée n'est pas atteinte.
En tous les cas, nous ne retiendrons pas une telle possibilité concernant la protection de l'intégrité en ce qu'elle serait contraire aux principes du droit pénal, et qu'elle viderait la répression de certaines violences consenties de sa substance.

Cette théorie de X. Pin inverse par ailleurs les violences, textuellement envisagées dans le Code pénal comme des comportements incriminés, et la valeur protégée qu'est l'intégrité, considérée dans le Code comme fondant ces incriminations. Dans un souci de cohérence du droit pénal, il nous semble préférable de considérer qu'une violence n'est réprimée que lorsqu'elle porte atteinte à l'intégrité. Si l'on raisonne par analogie, la pénétration n'est réprimée que lorsqu'elle porte atteinte à la liberté sexuelle.

X. Pin soulève néanmoins ce que nous considérons comme la première composante de l'intégrité, le respect des choix de la personne quant à son altération. La violence exercée à l'encontre d'une personne sans son consentement doit être regardée comme une atteinte à son intégrité, et partant mener à la répression.

Cette première dimension de la notion juridique d'intégrité se devine en filigrane dans les propos de F. Zenati-Castaing et T. Revet.
Ces auteurs, après avoir considéré que « Ce qui est essentiel dans le droit à l'intégrité corporelle, c'est le monopole que la loi reconnaît à la volonté du sujet dans ce domaine »[170], précisent que « lorsqu'une altération est portée à un corps de manière conforme à la volonté de son propriétaire, elle ne saurait être qualifiée d'atteinte »[171].
L'altération consentie n'est selon ces auteurs pas une atteinte, et la phrase se termine ainsi. Une « atteinte » supposant que quelque chose ait été touché, il est possible de se demander comment aurait pu se terminer cette phrase, de s'interroger sur ce qui n'est en l'espèce pas atteint. La personne étant bel et bien touchée dans cette hypothèse, il nous semble que ce qui reste intact ne peut être que la valeur protégée.
La phrase ainsi terminée aboutirait alors, à contrario, à admettre que l'altération non consentie par la personne porte atteinte à son intégrité. Cette position nous semble plus juste que l'idée selon laquelle le consentement annihile systématiquement toute atteinte à la valeur protégée, bien que le consentement à l'atteinte permette en effet dans certains cas de ne pas mener à la répression pénale.

Cette composante ne peut en effet à elle seule définir les contours de l'intégrité en tant que valeur protégée, sous peine de justifier les violences qui, bien qu'elles soient consenties, ne sauraient être tolérées par la société.

---

170 ZENATI-CASTAING (F.), REVET (T.), *Manuel de droit des personnes*, Coll. Droit Fondamental, P. U. F., 2006, p. 244.
171 Ibid.

§ 2. Une valeur dont l'atteinte dépend du seuil de tolérance sociale

Par principe, en droit pénal, le consentement de la victime n'est pas un fait justificatif. Au contraire, en droit civil, en application de l'adage *Volenti non fit injuria*, le consentement de la victime au fait de s'exposer à un risque l'empêche, en partie ou en totalité, d'obtenir réparation du dommage qu'elle subit[172].
Cette différence dans la prise en compte du consentement est compréhensible, dans la mesure où le droit civil se place du point de vue de la victime du dommage. Lorsque cette dernière se voit opposer son consentement, elle est en réalité sanctionnée pour avoir participé au dommage qu'elle a subi, pour sa prise de risque[173].
Le droit pénal, en ce qu'il est la réponse de la société à une infraction, se place uniquement du point de vue de l'auteur. Le pénaliste ne prend en compte l'attitude de la victime que lorsqu'elle permet de préciser si les éléments caractéristiques de l'infraction sont réunis. Dans le cas du viol, le consentement de la victime empêche de caractériser l'infraction car la valeur protégée n'a pas été atteinte, il n'est donc pas un fait justificatif. Dès lors que l'infraction est caractérisée, le droit pénal n'a vocation qu'à s'intéresser à l'auteur et à la punition qu'il encourt. P. Salvage rappelle cette idée en précisant qu'« il faut attendre la période de la justice publique pour voir l'État prendre le relais de la victime et se substituer définitivement aux volontés particulières. Désormais ce n'est plus à la victime de décider s'il y a ou non infraction ni à elle d'infliger la sanction »[174].

---

172 VIANGALLI (F.), « Volenti non fit injuria », in *La liberté du consentement, le sujet, les droits de l'Homme et la fin des « bonnes moeurs »/2*, Droits, Revue française de théorie, de philosophie et de culture juridiques, P. U. F., 2009, p. 31.

173 Ibid.

174 SALVAGE (P.), op. cit.

Le droit pénal ayant vocation à refléter les mœurs de la société, il faut considérer que le regard de cette dernière joue un rôle central lorsqu'il s'agit de réprimer un comportement. Il s'ensuit qu'une valeur protégée en droit pénal doit être vue comme un curseur que la société place où bon lui semble. Ainsi que nous l'avons précédemment souligné, la dignité ne saurait être regardée comme un curseur, dans la mesure où elle n'est pas le reflet des mœurs d'une société, mais le reflet de l'invariable valeur de l'homme[175]. À l'exception de la dignité, dont il nous semble qu'elle n'est pas réellement la valeur dont il est question dans le Code pénal, les valeurs protégées sont toutes ajustables en fonction de l'évolution du regard social quant à ce qui doit être accepté ou interdit. Lorsque le législateur décide d'incriminer le viol conjugal, la conception que se fait la société de la liberté sexuelle évolue, car la protection de cette valeur englobe dès lors la faculté pour le conjoint de refuser la relation sexuelle. Ainsi, le curseur des valeurs se déplace corrélativement à l'évolution du droit pénal d'une société. Si l'on se penche sur la dignité en tant que valeur protégée dans ce Code, il nous semble qu'il est davantage question de la protection de l'intégrité morale, véritable curseur que la société peut déplacer au gré de l'évolution de ses mœurs.

Les contours juridiques de l'intégrité ne peuvent alors être définis sans inclure une dimension relative au regard social. Selon la méthode de raisonnement que nous adoptons dans ce mémoire, il convient d'analyser les violences réprimées afin de déterminer cette deuxième composante. En effet, les violences non consenties ne constituent pas à elles-seules l'ensemble des violences donnant lieu à une réponse pénale. A côté de l'atteinte non consentie, X. Pin identifie « l'atteinte brutale »[176] comme menant également à la répression. L'atteinte, bien qu'elle soit

---

175 FABRE-MAGNAN (M.), op. cit.

176 PIN (X.), op. cit., p. 101.

consentie, est selon cet auteur réprimée car jugée « intolérable par la société »[177]. Cet auteur souligne la proximité de cette idée avec la notion de bonnes mœurs du Code pénal allemand, « qui proclame que les blessures consenties sont licites, sauf si elles portent atteinte aux bonnes mœurs (*guten Sitten*) »[178]. X. Pin souligne néanmoins, à juste raison, le problème lié à la difficulté de cerner les contours de cette notion[179].

L'arrêt de la Cour européenne des droits de l'Homme concernant l'affaire « Laskey et autres c/ Royaume-Uni »[180] illustre particulièrement bien l'importance accordée au regard social, du moins en 1997, sur les violences consenties. Les relations sadomasochistes sont en effet l'un des exemples les plus couramment utilisés lorsqu'il s'agit de s'interroger sur la faculté de disposer de soi. En l'espèce, les requérants ne considéraient pas leurs actes comme des violences, mais comme une « expression sexuelle »[181], souhaitant fonder leur défense sur le droit au respect de la vie privée consacré à l'article 8 de la Convention. Cette appellation avait pour objectif de limiter la question du consentement à lésion aux actes ayant entrainé des blessures. Néanmoins, la Cour de Strasbourg n'a pas retenu ce moyen de défense, préférant se placer sur le terrain plus général des « pratiques qui entrainent des dommages corporels », et soulignant que le « cadre sexuel ou autre n'y change rien »[182]. La Cour européenne des droits de l'Homme a jugé que l'ingérence dans le droit de l'article 8 était bien prévue par la loi, poursuivait un but légitime, et était nécessaire dans une société démocratique. Ainsi, le Royaume-Uni pouvait

177 Ibid.

178 Ibid., p. 103.

179 Ibid.

180 Cr. E. D. H., 19 février 1997, *Laskey et autres c/ Royaume-Uni.*

181 Cr. E. D. H., 19 février 1997, *Laskey et autres c/ Royaume-Uni*, préc.

182 Cr. E. D. H., 19 février 1997, *Laskey et autres c/ Royaume-Uni*, préc.

condamner les requérants pour coups et blessures, sur le fondement de la « protection de la santé »[183].

Selon cette jurisprudence de 1997, la faculté de réprimer les violences consenties relève de l'appréciation des États. Le juge strasbourgeois considère en effet que « l'un des rôles incontestablement dévolu à l'État est la régulation, par le jeu du droit pénal, des pratiques qui entrainent des dommages corporels »[184].
Cette « régulation »[185] par le droit pénal, expression de la volonté générale, ne peut qu'être envisagée comme la deuxième composante du respect de l'intégrité. Le consentement est pris en compte, mais il ne peut excéder les limites que pose la société. Juridiquement, l'intégrité est non seulement atteinte lorsque la personne n'a pas accepté la violence, mais également lorsque la violence, si elle est consentie, n'est pas tolérée par la société.

X. Pin mentionne des exemples illustrant cette limite posée par la société[186]. Il cite notamment l'article 225-16-1 du Code pénal relatif au bizutage, qui prévoit dans le texte même de l'incrimination l'absence de prise en compte du consentement au traitement subi.
Cette nouvelle incrimination fait état, ainsi que nous le verrons ultérieurement, d'un déplacement du curseur de l'intégrité, faisant désormais de certains traitements subis lors d'un bizutage une atteinte à la valeur protégée.

X. Pin, ainsi que nous l'avons vu, se base sur le qualificatif de violences afin d'analyser la répression pénale. Pour cet auteur, la société considère qu'une atteinte consentie est une violence lorsqu'elle implique des

---

183 Cr. E. D. H., 19 février 1997, *Laskey et autres c/ Royaume-Uni*, préc.

184 Cr. E. D. H., 19 février 1997, *Laskey et autres c/ Royaume-Uni*, préc.

185 Cr. E. D. H., 19 février 1997, *Laskey et autres c/ Royaume-Uni*, préc.

186 PIN (X.), op. cit., p. 102.

« traitements inhumains, humiliants ou dégradants »[187]. Cette théorie se justifie lorsqu'il est question de rapports sadomasochistes, ou de bizutage. Néanmoins, elle semble difficilement applicable dans bon nombre de cas où l'atteinte est consentie. Dans l'hypothèse évoquée précédemment de la lyse adipocytaire, désormais interdite pour sa dangerosité, si le patient consent tout de même à la chirurgie et que le médecin la pratique, le traitement ne saurait être regardé comme inhumain, humiliant ou dégradant. Si l'on retient la théorie de X. Pin, il ne peut s'agir de violences, et partant la répression pénale est injustifiée.

Si en revanche la limite est fondée sur le respect de l'intégrité tel que nous souhaitons la définir, la conclusion est différente. La lyse adipocytaire est certes consentie, mais elle est expressément interdite par un texte, et donc réputée non acceptée la société. Cette technique porte alors atteinte à l'intégrité même lorsqu'elle est pratiquée sur un patient consentant. En ce cas, la répression pénale de l'acte est justifiée.

La société interdit cette technique chirurgicale, non pas parce qu'elle est inhumaine, dégradante ou humiliante, mais parce qu'elle est dangereuse. Si l'on revient sur la proposition de X. Pin, et que l'on ajoute la dangerosité aux critères de ce qui fait passer l'acte du statut de simple atteinte au statut de violence, il faudrait réprimer le fait pour un bureau de tabac de vendre des paquets de cigarettes. Le nombre de personnes victimes du tabac excède probablement celui des personnes ayant subi un préjudice physique suite à une lyse adipocytaire.

Notre proposition diffère de celle de X. Pin en ce qu'elle consiste à observer ce qui est réprimé afin de définir les contours de la valeur protégée à un instant donné. La proposition de X. Pin consiste au contraire à analyser ce qui

---

187 Ibid.

mène la société à rejeter un comportement, afin « de limiter le domaine de l'incrimination aux seuls actes qui, en raison de leur brutalité choquent la conscience commune »[188]. Le problème vient du fait que la société n'incrimine pas les comportements d'une façon totalement objective au regard de critères posés, mais de façon bien plus subjective. Les mœurs des sociétés sont davantage basées sur leur façon de voir les choses à une période donnée que sur une stricte rationalité, ce qui explique qu'elles varient d'une société à une autre, et qu'elles évoluent au fil du temps.

À notre sens, il convient de considérer qu'une société réprime les comportements qu'elle juge intolérables à un instant donné, et de se reporter aux textes de cette société, ainsi qu'à ses mœurs, afin de cerner les contours de ce qu'elle accepte ou n'accepte pas. Ces textes peuvent être législatifs, mais également des règles élaborées par une fédération afin d'encadrer la pratique d'un sport[189], ainsi que nous le verrons ultérieurement. La volonté d'une société s'exprime bien sûr dans la loi, mais le législateur n'en cerne pas tous les contours, car elle s'exprime également à travers les coutumes et traditions.
Lorsqu'une pratique traditionnelle laisse une marge de violence trop importante, des règles précisément élaborées permettent de poser les limites de ce qui est socialement acceptable, tel est le cas dans le domaine des sports violents ou de la chirurgie. En revanche, lorsqu'une pratique n'implique qu'une altération légère de la personne, la tradition suffit à cerner les limites de ce que la société accepte, tel est le cas concernant notamment le piercing ou les tatouages.

---

188 Ibid.

189 MAYAUD (Y.), « Violences involontaires (2° Applications et illustrations)», *Répertoire de droit pénal et de procédure pénale*, Octobre 2006 (Actualisation : mars 2014).

Il est par ailleurs intéressant de constater de quelle manière meurt une tradition impliquant des violences dans notre société. Le regard social se modifie progressivement, viennent ensuite les articles de presse fustigeant la pratique, pour que le législateur finisse par saisir sa plume. La pratique est alors expressément interdite dans le Code pénal, comme ce fut le cas pour le bizutage. Les articles du Code pénal réprimant une pratique très spécifique, bien qu'ils puissent sembler superflus au regard des textes généraux, ont vocation à acter ce changement du regard social.

Néanmoins, suite à la consécration du droit à l'autodétermination en 2002, la Cour européenne des droits de l'Homme a adopté, dans la célèbre affaire « K. A et A. D c/ Belgique »[190], une position beaucoup plus problématique pour le droit pénal concernant les rapports sadomasochistes. La Cour de Strasbourg a considéré que l'État était fondé à condamner le requérant, dans la mesure où le consentement à la violence s'était interrompu. Néanmoins, elle opère un revirement par rapport à la solution de l'arrêt « Laskey c/ Royaume-Uni »[191], en interdisant par principe la répression des violences sexuelles consenties, hormis lorsque l'État justifie qu'elles sont d'une gravité suffisante. Cette jurisprudence permet une réelle immixtion du droit à l'autodétermination dans la sphère pénale des États.

---

190 Cr. E. D. H., 17 février 2015, *K. A. et A. D. c/ Belgique.*

191 Cr. E. D. H., 19 février 1997, *Laskey et autres c/ Royaume-Uni*, préc.

Chapitre 2. Une limite à l'autonomie personnelle justifiée par la protection de l'intégrité en droit pénal

Le droit à l'autodétermination doit être regardé comme une faculté d'agir garantie par la Convention mais particulièrement limitée, notamment au regard de l'interdiction de l'article 3. Cette différence de niveaux de protection peut trouver son reflet dans l'ordre interne lorsqu'il est question de la relation entre la faculté de consentir à la violence et la protection de l'intégrité (Section 1).

Il n'en reste pas moins que ce « droit-liberté » dont dispose la juridiction strasbourgeoise permet de contrôler l'application du droit pénal par le juge national. Ce dernier ne saurait en effet réprimer un comportement incriminé sans avoir vérifié que la valeur protégée est atteinte. La définition de l'intégrité permet alors d'une part de délimiter le domaine de l'autonomie personnelle en droit interne, mais également de préciser l'articulation entre le droit européen et le droit pénal national (Section 2).

Section 1. La place de l'intégrité et de l'autodétermination dans la hiérarchie des droits

La protection de l'intégrité en droit pénal est, à notre sens, en lien avec le droit intangible consacré à l'article 3 de la Convention européenne de sauvegarde des droits de l'Homme, qui consacre le seuil minimal de protection de la personne contre les violences (§ 1). La faculté de consentir à la violence doit quant à elle être rapprochée de l'article 8 de la Convention, susceptible de dérogations et de restrictions. Cette proposition sous-entend que la liberté de consentir à la violence ne peut conduire à déroger à la protection de l'intégrité (§ 2).

§ 1. Le lien entre la protection de l'intégrité et l'interdiction des traitements inhumains ou dégradants

Les auteurs rapprochent fréquemment l'interdiction des traitements inhumains ou dégradants prévue à l'article 3 de la Convention européenne de sauvegarde des droits de l'Homme avec le respect de la dignité[192]. Cette proximité se comprend aisément car l'évocation de « l'inhumain » au sein de l'article 3 peut s'entendre de ce qui ne respecte pas la valeur humaine, et partant la dignité. A. Gogorza souligne cette proximité en précisant, après avoir rappelé que la Cour de Strasbourg considère l'interdiction de la torture et des traitements inhumains ou dégradants comme une norme de *Jus Cogens*, que « c'est par la nature des choses que toute idée de conciliation entre le principe de sauvegarde de la dignité humaine et un autre droit ou liberté, fût-il fondamental, doit être rejetée »[193]. La rédaction de l'article 3 peut laisser penser

---

192 GOGORZA (A.), op. cit., p. 109.

193 Ibid., p. 125.

qu'il s'agit de consacrer la protection de la dignité elle-même dans le corps de la Convention.

Il nous semble néanmoins que l'article 3 ne représente pas la dignité elle-même, mais uniquement le droit qui la sous-tend relatif à l'intégrité. Ainsi que nous l'avons précédemment souligné, chacun des droits et libertés consacrés dans la Convention a dans son ADN l'objectif de sauvegarde de la dignité humaine. M. Fabre-Magnan précise en ce sens que « La dignité de la personne humaine ne doit pas se substituer aux droits de l'homme traditionnels, dont de nombreux ont pour objectif la préservation de cette dignité : ainsi de l'interdiction des traitements inhumains ou dégradants (…) »[194].
Le respect de la valeur de l'homme implique en effet bien plus que le respect de son intégrité. Cela implique notamment le respect de sa liberté, dont il est davantage question dans l'article 10 de la Convention relatif à la liberté d'expression, ou dans l'article 11 consacrant la liberté d'association et de réunion.

Il y a par ailleurs dans le droit consacré à l'article 3 de la Convention une dimension subjective qui, à notre sens, n'a théoriquement pas lieu d'être concernant la dignité. La valeur protégée par l'article 3 est bien moins abstraite que la valeur dont il est question dans la dignité. Bien que l'idée d'un traitement inhumain ou dégradant soit difficile à cerner, la jurisprudence de la Cour de Strasbourg donne au juriste une idée assez concrète du seuil à partir duquel l'article 3 est violé. La Cour européenne des droits de l'Homme a pu notamment préciser qu'en cas de réclusion criminelle à perpétuité, l'absence totale de possibilité de sortir un jour doit être regardée comme un traitement inhumain, et partant viole l'article 3 de la Convention[195]. Les contours du

---

194 FABRE-MAGNAN (M.), op. cit.

195 Cr. E. D. H., 13 novembre 2014, *Bodein c/ France.*

domaine qui englobe les actes de torture ainsi que les traitements inhumains ou dégradants se dessinent alors au fil des jurisprudences de la Cour de Strasbourg, selon l'appréciation subjective de cette juridiction.

Ainsi, tandis que le juge strasbourgeois n'est pas en mesure de définir ce qu'est la valeur de l'homme, et partant la dignité[196], il a toute autorité pour préciser quels sont les actes qui violent l'article 3 de la Convention. Par ailleurs, la jurisprudence de la Cour de Strasbourg évolue corrélativement à l'évolution des mœurs des États parties à la Convention, elle est dynamique. Il est alors possible que l'appréciation par la Cour européenne des droits de l'Homme évolue quant à ce qui doit être regardé comme une violation de l'article 3 de la Convention. Cette idée n'est pas concevable concernant la notion de dignité, car ainsi que nous l'avons vu précédemment, la valeur de l'homme est invariable. Le droit de l'article 3 est un curseur sur lequel le juge strasbourgeois doit pouvoir agir, au contraire de la dignité.

Certains auteurs affirment par ailleurs, à notre étonnement, que l'intégrité est protégée dans la Convention par le droit au respect de la vie privée consacré à l'article 8[197]. La commission a pu en effet considérer qu'une intervention chirurgicale non consentie violait l'article 8 de la Convention en ce qu'elle avait été effectuée « sous la contrainte »[198]. Il nous semble néanmoins que la violation du droit au respect de la vie privée était davantage consommée par le fait d'avoir contraint la personne que par l'atteinte physique elle-même. La liberté de consentir ou de refuser est en effet, ainsi que nous le verrons par la suite, rattachable à l'article 8 de la Convention.

---

196 FABRE-MAGNAN (M.), op. cit.

197 HENNETTE-VAUCHEZ (S.), *Disposer de soi ?, Une analyse du discours juridique sur les droits de la personne sur son corps*, Éd. L'Harmattan, 2004, p. 117.

198 Commission, 13 décembre 1979, *X. c/ Autriche*.

La Cour de Strasbourg a par ailleurs considéré, à l'occasion de l'affaire « X. Y. c/ Pays-Bas », que « La vie privée recouvre l'intégrité physique et morale de la personne et comprend la vie sexuelle »[199]. Ainsi, l'atteinte au corps ou à l'image de la personne du fait d'une violence, en dehors des actes inhumains ou dégradants, serait une atteinte à sa vie privée. Pourtant, la Cour de Strasbourg a affirmé dans l'affaire « Kulda c/ Pologne », qu'un traitement viole l'article 3 de la Convention lorsque la « souffrance et l'humiliation infligées »[200] vont au-delà des traitements subis à l'occasion d'une peine légitime. Sachant que la souffrance résulte d'une atteinte à l'intégrité physique ou psychique, et que l'humiliation résulte d'une atteinte à l'intégrité morale, faut-il considérer qu'à partir d'un certain seuil de violence, la protection passe de celle de l'article 8 à celle de l'article 3 ? Si l'on admet cette idée, une personne qui consent à subir une violence que l'État ne tolère pas, sans qu'il s'agisse d'actes inhumains ou dégradants, peut faire valoir son droit à l'autodétermination consacré à l'article 8 afin de vider de sa substance le respect de l'intégrité consacré au même article. Il est probablement rare qu'une règle de droit « s'auto-abuse » de la sorte.

Il nous semble que le fait de rattacher la protection de l'intégrité physique et morale à la protection de la vie privée est une interprétation trop extensive de l'article 8, et brouille la distinction entre les valeurs protégées par les différents articles de la Convention.

Par ailleurs, dans le Code pénal français, les actes de torture et de barbarie[201] sont réprimés non loin des violences ayant les conséquences les moins graves[202], au sein d'un même chapitre relatif à la protection de l'intégrité. Cela semble

199 Cr. E. D. H., 26 mars 1985, *X. Y. c/ Pays-Bas.*

200 Cr. E. D. H., 26 octobre 2000, *Kudla c/ Pologne.*

201 Article 222-1 du Code Pénal.

202 Article 222-13 du Code Pénal.

cohérent, car bien que le niveau de violence et le résultat influent sur la peine encourue, il n'en reste pas moins qu'une violence répréhensible, quelle que soit son intensité, porte atteinte à l'intégrité et non à la vie privée. Si l'on considère que l'intégrité physique est protégée à l'article 8 de la Convention, alors il faut en conclure que l'interdiction de la torture dont il est question à l'article 222-1 du Code pénal, dans le chapitre relatif à la protection de l'intégrité, se rattache au droit à la vie privée consacré par la Convention, ce qui confine à l'absurde.

Il nous semble que l'article 8 de la Convention protège davantage la liberté de refuser ou de consentir en elle-même, et partant indirectement l'intégrité lorsque l'atteinte n'entre pas dans le champ de l'article 3. Cette conception relève alors davantage de l'opportunité que de la rationalité. Tandis que la vie privée concerne le choix et l'intimité, l'intégrité concerne les altérations subies, qu'elles soient physiques, psychiques ou morales. Bien que le choix de la personne soit, selon nous, en lien avec une composante de l'intégrité, il ne doit pas être confondu avec cette dernière.

L'interdiction de l'article 3 de la Convention étant, à notre sens, la composante intégrité du corps des droits fondamentaux, elle est en lien avec le respect de l'intégrité en droit pénal. Néanmoins, bien qu'elles défendent une valeur commune, il est nécessaire de préciser ce qui distingue la protection interne de la protection européenne. La différence réside dans le seuil au-delà duquel il est considéré qu'une violence est une violation.

Tandis que chaque État place le curseur de l'intégrité au regard de ce qu'il considère comme inacceptable, aucun État ne peut placer le curseur plus haut que ne le fait la Cour européenne des droits de l'Homme. L'État peut décider de mieux protéger l'intégrité de la personne que le fait la Cour de Strasbourg, mais il ne peut en aucun cas la protéger moins bien. Cette idée transparaît dans l'arrêt « Laskey et

autres c/ Royaume-Uni », lorsque la Cour de Strasbourg précise que « l'un des rôles incontestablement dévolu à l'État est la régulation, par le jeu du droit pénal, des pratiques qui entraînent des dommages corporels »[203].
L'article 3 de la Convention est en quelque sorte le filet de sécurité, le standard minimum relatif à la protection de l'intégrité des personnes. La Cour de Strasbourg ne pourrait abaisser le curseur d'une atteinte à l'intégrité sans risquer de compromettre le système coercitif des États, qu'il s'agisse du travail de la police ou des peines infligées légitimement. Il en irait de l'intangibilité de l'article 3 de la Convention. Il semble en effet que le curseur de l'article 3 soit placé juste au-dessus de ce que l'État peut légitimement faire subir à un condamné[204]. Une personne peut être incarcérée à perpétuité sans qu'il n'y ait de violation de l'article 3, tandis qu'une perpétuité absolument incompressible est considérée par la Cour de Strasbourg comme un traitement inhumain[205].

Il nous semble par conséquent cohérent de considérer que le niveau de protection particulièrement élevé de l'article 3 puisse avoir un impact quant à l'importance accordée à la protection de l'intégrité en droit interne. Cette idée se justifie du fait que la protection de l'intégrité au plan national englobe la protection contre les actes de torture et de barbarie, dont la gravité coïncide probablement avec celle des actes violant l'article 3 de la Convention.

§ 2. Le consentement à lésion, une mise en œuvre d'un droit conditionnel

Tandis qu'il existe un lien entre la protection de l'intégrité en droit interne et l'article 3 de la Convention

203 Cr. E. D. H., 19 février 1997, *Laskey et autres c/ Royaume-Uni*, préc.

204 Cr. E. D. H., 26 octobre 2000, *Kudla c/ Pologne*, préc. La Cour de Strasbourg précise que le traitement inhumain doit aller au-delà de ce que l'État peut légitimement infliger au titre d'une peine.

205 Cr. E. D. H., 13 novembre 2014, *Bodein c/ France*, préc.

européenne des droits de l'Homme, la notion de consentement à l'échelle nationale est à rapprocher du droit à l'autodétermination déduit par le juge de Strasbourg de l'article 8 de la Convention. Ce nouveau « droit-liberté », défini par la Cour de Strasbourg comme « la possibilité de s'adonner à des activités perçues comme étant d'une nature physiquement ou moralement dommageables ou dangereuses pour sa personne »[206], implique en effet la faculté de consentir à l'altération de soi par autrui.

Il convient néanmoins de souligner que l'interdiction des traitements inhumains ou dégradants et le droit à l'autodétermination de la Convention sont tous deux des droits fondamentaux, tandis que le respect de l'intégrité et la faculté de consentir à la lésion ne sont pas sur un même plan en droit interne, le premier ayant le statut de valeur protégée dans le Code pénal, au contraire de l'autre.
En droit interne, dès lors qu'il est porté atteinte à l'intégrité, le consentement n'est théoriquement plus en mesure de produire des effets juridiques.

Il n'en reste pas moins que la filiation établie par le juge strasbourgeois entre l'article 8 de la Convention et la faculté de consentir à la violence rend le justiciable susceptible, après épuisement des voies de recours internes, d'invoquer le droit à l'autodétermination afin de s'opposer à la répression pénale des actes litigieux. Cette confrontation entre la répression de l'État et le droit à l'autodétermination est inévitable, notamment lorsqu'il est question de rapports sadomasochistes. Dans l'affaire « K. A. et A. D. c/ Belgique »[207], la Cour de Strasbourg précise en effet que le consentement à la violence en matière sexuelle fait systématiquement sortir l'acte du champ de la répression, à

---

206 Cr. E. D. H., 29 avril 2002, *Pretty c/ Royaume Uni.*

207 Cr. E. D. H., 17 février 2015, *K. A. et A. D. c/ Belgique*, préc.

moins que l'État ne justifie son action au vu de la gravité des faits.
À la lecture de cet arrêt, la consécration européenne d'un droit à l'autodétermination semble permettre au consentement de franchir la limite posée par les principes du droit pénal, et de produire des effets juridiques alors même que l'infraction est caractérisée.
L'impact de cette jurisprudence est foudroyant en droit interne, car il fait primer le consentement à la violence sur la valeur pénalement protégée qu'est l'intégrité.

Il est à ce stade nécessaire de s'intéresser au niveau de protection accordé par le juge strasbourgeois au droit de l'article 8 de la Convention.
Au contraire du droit de l'article 3 de la Convention, le droit consacré à l'article 8 n'est pas intangible. Ce statut de droit conditionnel est compréhensible, car il est notamment admis que le droit à l'information peut justifier des révélations concernant la vie d'une personne. La Cour de Strasbourg a précisé, dans l'affaire « Von Hannover c/ Allemagne », que « dans les affaires relatives à la mise en balance de la protection de la vie privée et de la liberté d'expression dont la Cour a eu à connaître, elle a toujours mis l'accent sur la contribution que la parution de photos ou d'articles dans la presse apportait au débat d'intérêt général »[208].

L'idée de « choix » est certes centrale dans le droit de l'article 8 sachant qu'il y est question d'intimité, mais fallait-il pour autant que la Cour de Strasbourg consacre un « droit fondamental au choix » ? Il est d'une part surprenant qu'une simple faculté d'agir soit érigée en droit fondamental[209], mais il est encore plus surprenant de constater que ce nouveau droit, bien qu'il soit déduit d'un droit conditionnel, produise

208 Cr. E. D. H., 24 juin 2004, *Von Hannover c/ Allemagne.*

209 FABRE-MAGNAN (M.), « Le domaine de l'autonomie personnelle. Indisponibilité du corps humain et justice sociale », *D.*, 2008.

quasiment les effets d'un droit intangible[210] lorsqu'il s'applique dans un contexte sexuel. Dans l'affaire « K. A. et A. D. c/ Belgique », la Cour lui donne l'aspect d'un droit conditionnel en précisant que l'État peut justifier une ingérence selon la gravité des actes[211], mais au vu des traitements subis par la victime en l'espèce, on peut s'interroger sur le seuil que la violence doit atteindre pour que l'État soit fondé à intervenir. M. Fabre-Magnan évoque l'idée d'un « droit au sadisme »[212] qui prévaudrait sur tous les droits fondamentaux, et partant sur l'interdiction de la torture et des traitements inhumains ou dégradants.

Afin de raison garder, il nous semble nécessaire de nous détacher de cet arrêt, et d'analyser quel doit être théoriquement la place du droit à l'autodétermination au sein des droits de la Convention.
Le droit à l'autodétermination est la faculté d'agir[213] érigée en droit fondamental. Il s'ensuit que ce droit doit théoriquement bénéficier du niveau de protection le moins élevé de tous les droits de la Convention. Il ne peut s'agir que d'une liberté encadrée par le reste du corps juridique de la Convention, une faculté d'agir certes garantie, mais encadrée par l'ordre public européen, à l'image de la liberté évoquée dans l'article 4 de la Déclaration des Droits de l'Homme et du Citoyen de 1789.
A fortiori, les droits fondamentaux intangibles, et partant le droit de l'article 3, doivent primer en toutes hypothèses sur le droit à l'autodétermination.
Si l'on transposait le système juridique européen dans l'ordre interne, en partant du principe que le droit à l'autodétermination est sur le même plan que les autres

---

210 FABRE-MAGNAN (M.), « Le sadisme n'est pas un droit de l'Homme », *D.*, 2005.

211 Cr. E. D. H., 17 février 2015, *K. A. et A. D. c/ Belgique*, préc.

212 FABRE-MAGNAN (M.), op. cit.

213 FABRE-MAGNAN (M.), « Le domaine de l'autonomie personnelle. Indisponibilité du corps humain et justice sociale », op. cit.

droits fondamentaux, cela nous amènerait à considérer que la liberté n'est pas encadrée par la loi car elle est sur un pied d'égalité avec cette dernière. Il n'est pas étonnant que B. Edelman parle d'un « suicide du droit »[214].

Cette impossibilité logique pour le droit à l'autodétermination de déroger à l'interdiction de la torture et des traitements inhumains ou dégradants doit, à notre sens, être reflétée en droit interne lorsqu'il est question d'une confrontation entre le consentement à la violence et la protection de l'intégrité. Il en va de la cohérence entre le droit européen et le droit pénal national.

Section 2. L'intégrité définie pour une application cohérente du droit pénal

Cette théorie sur l'intégrité permet d'une part de préserver les principes du droit pénal dans l'hypothèse de l'altération consentie. En effet, le consentement à lésion ne peut être assimilé à un fait justificatif dans les cas où la société tolère la violence en question, car l'infraction n'est alors pas caractérisée (§ 1).

D'autre part, cette théorie permet de faire prévaloir la volonté de tous sur la dangereuse sphère d'autonomie, tout en justifiant une articulation entre le droit fondamental à l'autodétermination et le droit pénal national (§ 2).

§ 1. La nécessaire distinction entre consentement et fait justificatif

Lorsqu'il est question de violence, le consentement de la personne maltraitée doit être distingué du fait justificatif en droit pénal.

---

214 EDELMAN (B.), « L'homme sadien », in *La liberté du consentement, le sujet, les droits de l'Homme et la fin des « bonnes moeurs »/2*, Droits, Revue française de théorie, de philosophie et de culture juridiques, P. U. F., 2009, p. 119.

Au regard de la définition de l'intégrité que nous souhaitons proposer, le consentement ne produit des effets juridiques que dans l'hypothèse où la société tolère la violence subie par la personne. Ainsi que nous l'avons précédemment souligné, la tolérance de la société doit être analysée au regard des textes législatifs, mais également des règles établies ainsi que des traditions. Le consentement, expression de l'autonomie personnelle, permet ainsi de subir un acte chirurgical légal, de se faire tatouer, ou de subir toute atteinte traditionnellement acceptée. Dans ces hypothèses, le consentement ne peut être vu comme un fait justificatif car la valeur intégrité n'est pas atteinte. Cette définition de l'intégrité permet de renforcer le principe selon lequel le consentement n'est pas un fait justificatif en matière pénale[215]. Le consentement à l'altération doit alors être regardé en droit interne comme une simple liberté encadrée, une faculté d'agir que l'on exerce sous le régime répressif.

L'absence de répression dans la pratique des sports violents, tels que la boxe, est considérée dans la doctrine comme faisant exception aux principes du droit pénal. En effet, si l'on examine le comportement du boxeur lors d'un match à la lumière du texte pénal incriminant les coups et blessures, l'infraction est caractérisée en son élément matériel et intentionnel dès lors qu'un coup porté est de nature à entraîner un résultat. Ce cas de figure est bien évidemment fréquent à l'occasion de la pratique encadrée d'un sport de combat. Il est à noter que les actes dont la violence est considérée comme injustifiée au regard des règles sont pénalement réprimés[216]. Néanmoins, lorsque les violences découlent de la pratique naturelle du sport, la Cour

215 Cass., ch. réun., 15 décembre 1837. « L'homicide commis en duel tombe sous l'application des dispositions de la loi pénale qui réprime l'homicide volontaire ».

216 C. A., Agen, 12 avril 1962, *D.* 1962. 589. « d'une manière générale, les juridictions répressives sanctionnent les joueurs qui, aux actes violents en eux-mêmes mais imposés par les nécessités du jeu, surajoutent une violence inutile telle que torsion, morsure, arrachement, coup ».

d'appel de Poitiers a considéré que « L'absence de sanction pénale pour des fautes habituellement répréhensibles pénalement, dérogation au droit commun, est la reconnaissance de l'essence même du sport en vue de permettre à l'athlète, libre de toute sujétion, de tendre sa volonté et ses forces vers la réalisation de la performance ; l'application de ce principe exige un cadre délimité par une organisation légalement habilitée pour le définir, l'installer et y contrôler l'application des règles du jeu »[217]. L'infraction est alors considérée comme caractérisée, mais le consentement de celui qui subit la violence est analysé par Y. Mayaud comme un fait justificatif permis par la loi, en ce que cette dernière donne le relais aux fédérations sportives afin d'encadrer la pratique[218].

Il nous semble néanmoins que cet affirmation méconnaisse le principe de légalité dans son aspect formel. Le fait justificatif doit en principe[219] être précisément mentionné dans un texte pénal par le législateur[220]. Une fédération sportive n'est pas élue par le peuple, et partant ne peut en aucun cas ériger un consentement en fait justificatif, ce qui reviendrait à légiférer en matière pénale.

Le fait de vérifier si la valeur protégée est réellement atteinte, selon notre définition, permet de maintenir le cas de la pratique des sports violents dans le champ du droit commun.

Il ne faut tout d'abord pas partir du principe que la société tolère un sport parce qu'il n'est pas interdit dans le Code pénal. Lorsque deux personnes se battent suite à un

---

217 C. A., Poitiers, 3 mai 1974, *Gaz. Pal.* 1974. 2. 784, *R. T. D. civ.* 1975. 109, obs. Durry.

218 Y. Mayaud, op. cit.

219 Certains faits justificatifs sont issus d'une création prétorienne. L'état de nécessité a été créé par la jurisprudence, avant d'être prévu à l'article 122-7 du Code pénal.

220 Article 34 de la Constitution française.

différend, quand bien même l'altercation aurait lieu dans une enceinte sportive, la police est susceptible d'intervenir. Les combattants pourraient alors inventer le nom d'un sport sur l'instant, et expliquer à la police que nul article du Code pénal ne réprime ce sport. Ils seront tout de même arrêtés, tandis que la police n'interviendra pas à la fin d'un match de boxe respectueux des règles. La boxe est en effet un sport pratiqué selon une tradition, et partant socialement accepté, au contraire de l'autre.

Quand bien même un sport violent serait traditionnellement accepté dans un État depuis des années, la nécessité d'établir des règles se justifie, ainsi que nous l'avons précédemment souligné, par le seuil potentiellement élevé de violence que le pratiquant est susceptible de subir. Ces violences, inhérentes à la pratique de l'activité, lorsqu'elles restent dans le champ des règles, sont réputées acceptées par le pratiquant ainsi que par la société. Le raisonnement est le même lorsqu'il s'agit d'un acte chirurgical.

Il faut alors considérer que l'intégrité du sportif est atteinte lorsque les violences ne sont pas respectueuses des règles régissant la pratique, et partant que la répression pénale est justifiée.

En effet, lorsqu'une personne consent à la pratique d'un sport, elle ne consent qu'à la violence respectueuse des règles. Toute violence dépassant le cadre des règles est d'une part non acceptée par le sportif, et d'autre part non tolérée par la société.

Il est nécessaire de ne pas se méprendre sur les raisons pour lesquelles les violences sportives ou chirurgicales sont acceptées par la société. Il serait erroné de considérer que la violence est acceptée du seul fait d'un contexte spécifique, sportif ou médical, car il faudrait également accepter la violence exercée dans un contexte sexuel, ou même artistique. Or, ces domaines spécifiques donnent prise à une

violence considérable, et partant un corps de règles est nécessaire afin de délimiter le champ des violences que la société considère comme acceptables.
Si le législateur ne peut déléguer à une fédération sportive la faculté d'établir un fait justificatif, car il est question de droit pénal, il peut en revanche déléguer à cette fédération l'établissement des règles régissant la pratique du sport. De la même façon, il existe des règles régissant la pratique chirurgicale.
Dans un contexte sadomasochiste, il n'existe pas réellement de règles traditionnellement acceptées par la société. Si la violence était acceptée du fait du seul contexte sexuel, elle n'aurait aucune limite. La violence ne peut être réputée acceptée par la société si les règles selon lesquelles la pratique est exercée varient d'un pratiquant à un autre. Toute violence exercée dans ce contexte est alors théoriquement répréhensible, mais on peut imaginer qu'un procureur, en tant que représentant de la société, poursuivra l'auteur d'une violence s'il la considère lui-même comme inacceptable.

De même que le contexte sexuel ne saurait justifier la violence, le contexte éducatif ne saurait permettre aux parents de faire subir tous types de traitements à l'enfant. Il nous semble néanmoins que le problème ne repose pas sur une absence de consentement de l'enfant à recevoir une correction. Le consentement de l'enfant, du fait de son jeune âge, ne peut en effet être pris en compte au même titre que celui de l'adulte. Pour la même raison que l'enfant n'est pas en mesure de consentir à l'acte sexuel, il n'est pas en mesure de refuser son éducation, sachant par ailleurs que l'idée de « correction » est inhérente à l'idée d'éducation. En cette matière, si l'on souhaite réfléchir à une éventuelle atteinte à l'intégrité de l'enfant, le consentement de ce dernier doit être exclu du raisonnement. Ainsi, l'intégrité de l'enfant peut uniquement être considérée comme atteinte si la société réprouve la violence qu'il subit dans le cadre de son éducation. Néanmoins, bien que le sport et la médecine soient régis par un corps de règles, l'éducation n'est régie que par les règles que les parents se fixent eux-mêmes, tout comme les partenaires d'un rapport sexuel sadomasochiste. Il est par conséquent impossible à l'heure actuelle d'affirmer qu'il existe des traitements que les parents peuvent infliger dans le cadre éducatif sans porter atteinte à l'intégrité de l'enfant. Le fait de gifler l'enfant est bien une violence physique, tandis que le fait de hausser le ton peut être regardé comme une violence psychique. La correction est certes acceptée dans la jurisprudence « dans un but éducatif »[221], et il est heureux que la violence disproportionnée soit généralement réprimée, mais l'absence de règles relatives à l'éducation nous empêche de déduire d'un acte qu'il est toléré au regard de la société, et partant qu'il ne porte pas atteinte à l'intégrité de l'enfant. Si l'on raisonne en fonction de la valeur intégrité telle que nous la définissons, il faut considérer que le contexte éducatif n'a aucune incidence au regard des violences, et se référer aux textes du Code pénal. Ainsi, les châtiments corporels ou les violences verbales ayant pour résultat une atteinte physique, psychique ou morale de l'enfant, portent théoriquement atteinte à son intégrité. Il n'en reste pas moins que le parquet a l'opportunité des poursuites, et tout comme dans le contexte sadomasochiste, le procureur ne déclenchera l'action publique que s'il juge lui-même la violence inacceptable.

Concernant enfin les violences subies notamment dans le cadre du piercing ou du tatouage, ainsi que nous l'avons souligné, l'aspect traditionnel suffit en lui-même afin de

---

221 T. pol. Bordeaux, 18 mars 1981, *D.* 1982.182. « si les châtiments corporels ou même le traditionnel droit de correction ne correspondent plus à l'état de nos mœurs, les parents et les enseignants possèdent toujours, dans un but éducatif, un pouvoir disciplinaire pouvant éventuellement s'exercer sur de jeunes enfants (…) ».

considérer que la société les accepte. En effet, il n'est pas nécessaire d'établir un corps de règles afin d'encadrer une violence dont chacun sait qu'elle ne peut dépasser le stade de la légère altération. L'intégrité n'est par conséquent jamais atteinte dès lors que la personne consent à ces pratiques.

§ 2. Une prévalence de la volonté de tous sur l'autodétermination, sous le contrôle de la Cour de Strasbourg

La répression pénale d'une violence consentie portant atteinte à l'intégrité doit, selon nous, être regardée comme une ingérence justifiée dans le droit à l'autodétermination de l'article 8 de la Convention.
L'ingérence est en cette hypothèse évidemment prévue par la loi, mais elle poursuit également le but légitime qu'est la protection de la santé, ou la protection de l'ordre, dans les cas d'atteinte physique, psychique, ou morale de l'individu[222].
Par ailleurs, cette ingérence doit être considérée comme proportionnée au but poursuivi car une atteinte à l'intégrité suppose, lorsque l'altération est consentie, que la société réprouve la violence de l'acte considéré. Il s'ensuit que l'atteinte doit être regardée comme étant d'une gravité suffisante afin de justifier cette ingérence.
Le seuil de tolérance de la société ne saurait être franchi par la volonté d'une personne.

Néanmoins, et cela peut sembler paradoxal, le droit à l'autodétermination peut être regardé comme protecteur de la volonté de tous contre l'abus de l'État dans certaines hypothèses.
Prenons le cas d'un boxeur qui, lors d'un match et dans le respect des règles, blesse sévèrement son adversaire. La

---

222 Article 8§2 de la Convention européenne des droits de l'Homme. La protection de la santé ou de l'ordre est un but légitime permettant une ingérence dans le droit au respect de la vie privée.

violence est d'une part consentie par les boxeurs, mais elle est également réputée acceptée par la société dès lors que les règles ont été respectées. L'intégrité n'est alors pas atteinte, mais un procureur peut décider que la violence était démesurée et poursuivre l'auteur du coup. Dans une telle hypothèse, si le boxeur est condamné pour coups et blessures volontaires, il faut considérer que le juge s'est uniquement fondé sur le texte pénal, sans s'interroger sur la valeur protégée telle que nous la définissons. Le principe de légalité est respecté, mais la volonté de la société ne l'est pas. Le boxeur peut se tourner vers la Cour européenne des droits de l'Homme pour une violation du droit à l'autodétermination. La Cour de Strasbourg serait alors fondée à considérer que l'ingérence dans le droit de l'article 8 de la Convention n'est pas proportionnée au but poursuivi, en ce que la violence sportive respectueuse des règles est acceptée par la société de cet État.

Le droit à l'autodétermination est en cette hypothèse intéressant car il permet d'éviter une application du principe de légalité qui ne prendrait pas en compte la valeur protégée, et partant la volonté de la société. En effet, si toute condamnation doit se fonder sur un texte précis, tout comportement incriminé ne doit pas systématiquement mener à la répression. Ainsi que nous l'avons souligné, la loi pénale ne peut à elle seule cerner les contours de la volonté générale, cette dernière étant également reflétée par les traditions et coutumes nationales.

La valeur protégée qu'est l'intégrité joue alors un rôle majeur, en ce qu'elle permet de respecter la volonté de tous, qu'elle place en tout état de cause devant la volonté individuelle. La première a vocation à encadrer la seconde. Il s'agit bien de faire prévaloir l'ordre public sur la sphère d'autonomie, et cela s'avère à notre sens nécessaire.

La notion d'ordre public peut être vue par certains comme synonyme d'une morale liberticide, et des auteurs ont souligné une tendance allant vers une subjectivisation croissante du droit[223]. Il est néanmoins important de rappeler que le consentement, bien qu'il puisse être regardé comme l'expression d'une liberté individuelle chèrement acquise, est parfois à prendre avec précaution[224].

L'ordre public a d'une part pour objet de protéger les personnes, sachant que l'autonomie personnelle peut être vectrice d'injustices. M. Fabre-Magnan souligne très justement que « La toute-puissance conférée au consentement au nom de la liberté individuelle sert en effet souvent en réalité à justifier la mise à disposition des faibles au service des forts »[225]. L'auteur affirme notamment que si l'autonomie personnelle permet la vente d'organes « ce seront toujours les personnes démunies qui vendront leur rein ou leur foie »[226].

Il faut en effet prendre le consentement dans son contexte, et ne pas oublier qu'une personne peut être fortement influencée par une culture, une mode, ou par une personne manipulatrice lorsqu'elle consent à subir un acte violent. La vulnérabilité de la personne est évidemment à prendre en compte dans ces cas de figure. L'influence des autres est indéniable lorsque l'on évoque l'hypothèse d'un adolescent qui consentirait à subir des violences lors d'un rite initiatique. Cette personne n'aurait probablement pas désiré subir le même traitement en l'absence de toute influence extérieure. Un individu n'est jamais totalement libre de toute influence, car l'interaction avec autrui est le fondement même d'une société. Il nous semble que l'intégrité absolue d'un consentement n'existe pas réellement.

Par ailleurs, M. Fabre-Magnan précise qu'il n'est pas uniquement question de protéger la personne contre elle-

---

223 EDELMAN (B.), op. cit., p. 125.

224 FABRE-MAGNAN (M.), op. cit.

225 Ibid.

226 Ibid.

même, mais également de protéger autrui. L'auteur s'appuie sur le cas de l'euthanasie, et souligne que si les patients avaient le droit de demander à mourir, ces demandes poseraient un cas de conscience très lourd au médecin, qui « n'aurait plus aucun rempart pour les refuser, et devrait porter le poids d'avoir tué une personne, poids qui n'est jamais anodin »[227]. L'absence de faculté pour une personne d'exiger de subir une violence protège alors également celui qui reçoit la demande[228].

Il s'ensuit que l'ordre public doit rester un rempart contre des volontés individuelles débridées. La méthode que nous adoptons afin de définir l'intégrité en tant que valeur protégée vise à éviter une « contractualisation du droit pénal »[229].

Néanmoins, l'interprétation qu'a donné la Cour de Strasbourg du droit à l'autodétermination dans l'affaire « K. A. et A. D. c/ Belgique » sous-entend l'idée selon laquelle la personne peut opposer sa propre loi[230] à l'État, obligeant ce dernier à justifier correctement son intervention sous peine de violer un droit fondamental. Selon B. Edelman, « la fonction instituante du droit est destituée au profit de l'individu qui s'auto-institue »[231]. Or, la vie en société ne pourrait s'accommoder d'une pluralité de personnalités autodéterminées, à moins que ces dernières ne viennent buter contre un ordre public intangible, et tel est le rôle essentiel du droit pénal. Cette conception du droit à l'autonomie personnelle, si elle venait à s'étendre, viderait à terme le pacte rousseauiste de sa substance pour nous

---

227 Ibid.

228 Ibid.

229 ALT MAES (F.), « La contractualisation du droit pénal. Mythe ou réalité ? », *R. S. C.*, 2002.

230 EDELMAN (B.), op. cit., p. 125.

231 Ibid.

ramener à l'état de nature[232], avec la violence et l'injustice qui y règnent en maîtres[233].

232 Ibid., p. 115.

233 HOBBES (T.), *Léviathan*, Gallimard, coll. Folio Essais, 2001, Chap. 13, p. 220. « Le plus faible a toujours assez de force pour tuer le plus fort».

Conclusion

S'interroger sur la limite du domaine de l'autonomie personnelle n'est guère aisé depuis l'affaire « K. A. et A. D. c/ Belgique »[234], en ce que la consécration d'un droit fondamental de torturer[235] une victime consentante lors d'une relation sexuelle défie la logique du juriste.
Le travail de réflexion réalisé dans ce mémoire eût été bien plus simple si la Cour européenne des droits de l'Homme en était restée aux solutions retenues dans les affaires « Laskey et autres c/ Royaume-Uni »[236] et « Pretty c/ Royaume-Uni »[237]. La prérogative reconnue à l'État par la Cour de Strasbourg quant à la régulation des pratiques entrainant des lésions conférait alors au consentement à la violence le simple statut d'une liberté, encadrée par l'ordre public national, mais protégée contre une application trop stricte de la loi pénale par un juge qui ne prendrait pas en compte le regard social. En effet, l'autonomie personnelle doit être respectée lorsqu'elle implique un comportement accepté de tous.

Si la solution de cette jurisprudence européenne de 1997 avait perduré, complétée par la consécration du « droit » à l'autodétermination en 2002, il eût simplement été utile de justifier juridiquement le fait que certaines violences

234 Cr. E. D. H., 17 février 2015, *K. A. et A. D. c/ Belgique.*

235 FABRE-MAGNAN (M.), « Le sadisme n'est pas un droit de l'Homme », *D.*, 2005.

236 Cr. E. D. H., 19 février 1997, *Laskey et autres c/ Royaume-Uni.*

237 Cr. E. D. H., 29 avril 2002, *Pretty c/ Royaume Uni.*

consenties ne sont pas réprimées en droit interne. La définition de l'intégrité aurait suffi afin de délimiter le domaine de l'autonomie personnelle au regard du droit pénal, dans un souci de préserver le principe selon lequel le consentement n'est pas un fait justificatif.

L'idée de mobiliser la dignité face à l'incohérence de la jurisprudence européenne de 2015 rend les choses bien plus complexes. Le juriste est alors poussé à réfléchir sur une notion symbolique, « la dignité de la personne humaine », et à fabriquer un droit à partir de ce simple énoncé. La tentation est grande, car la dignité est absolue. Néanmoins, il est difficile de ne pas envisager ce « principe » comme une « morale universelle »[238].
S'il ne reste plus que la morale pour contrer le « sadisme »[239], le grand perdant est le droit lui-même.

Nous préférons conclure en soulignant que le fruit de notre recherche vise à préciser les bornes dont il est question dans le texte de 1789 cité en introduction, ainsi qu'à dégager une cohérence dans l'articulation entre le droit pénal national et le droit à l'autodétermination consacré par la Cour de Strasbourg. Le domaine de l'autonomie personnelle doit être un curseur aux mains de la société d'un État, ce dernier étant sous le contrôle de la Cour européenne des droits de l'Homme. Il doit rester le domaine d'une liberté, qui s'arrête là où commence un droit pénal soucieux du respect de la volonté de tous.
Néanmoins, si le règne de la loi a montré ses limites, justifiant l'émergence des droits fondamentaux, la Cour de Strasbourg ne doit pas pour autant consacrer le règne de la

---

238 GOGORZA (A.), « La dignité humaine », in GOGORZA (A.) (sous la dir. de), SAINT-PAU (J-C.), *Droits de la personnalité*, Traités, Lexisnexis, 2013, p. 102.
239 FABRE-MAGNAN (M.), op. cit.

volonté individuelle[240] et faire surgir un autre mal, inhérent non pas à l'État dégénérescent, mais à la part sombre de l'individu lui-même.

---

240 EDELMAN (B.), « L'homme sadien », in *La liberté du consentement, le sujet, les droits de l'Homme et la fin des « bonnes moeurs »/2*, Droits, Revue française de théorie, de philosophie et de culture juridiques, P. U. F., 2009, p. 125.

Index

E

F

G

H

I

L

M

O

P

R

S

T

V

Bibliographie

Ouvrages

CICERON, *Seconde action contre Verrès*, Collection des Auteurs latins publiés sous la direction de NISARD (M.), t. II, Paris, Dubochet, 1840.

DANET (J.), « Atteinte à la dignité, pénalisation et prostitution », in DANET (J.) (sous la dir. de), GUIENNE (V.), *Action publique et prostitution*, Rennes, PUR, 2007.

GAFFIOT (F.), *Dictionnaire LATIN - FRANCAIS*, Hachette Livre, 1934.

GOGORZA (A.), « La dignité humaine », in GOGORZA (A.) (sous la dir. de), SAINT-PAU (J-C.), *Droits de la personnalité*, Traités, Lexisnexis, 2013.

GRIMAL (P.), *Marc Aurèle*, Fayard, 1991.

HENNETTE-VAUCHEZ (S.), *Disposer de soi ? , Une analyse du discours juridique sur les droits de la personne sur son corps*, Éd. L'Harmattan, 2004.

HOBBES (T.), *Léviathan*, Gallimard, coll. Folio Essais, 2001.

JAVALA (J.), GRIFFITHS (S.) and MARAUN (M.), *The myth of the born criminal : psychopathy, neurobiology, and the creation of the modern degenerate*, University of Toronto, Scholarly Publishing Division, 2015.

LEBRETON (G.), « Les ambiguïtés du droit français à l'égard de la dignité de la personne humaine », in *Mélanges P. Gélard*, Montchrestien, 2000.

LEVINET (M.), MARGUENAUD (J-P.), VIANGALLI (F.), LAVAUD-LEGENDRE (B.), PIN (X.), EDELMAN (B.), STOLLEIS (M.), PASCHEL (P.), SPITZ (J-F.), EDEL (F.), FELDMAN (J-P.), *La liberté du consentement, le sujet, les droits de l'Homme et la fin des « bonnes moeurs »/2*, Droits, Revue française de théorie, de philosophie et de culture juridiques, P. U. F., 2009.

MAURER (B.), *Le respect de la dignité humaine et la Convention européenne des droits de l'homme*, Paris, La Documentation française, 1999.

MERLE (R.), VITU (A.), *Traité de droit criminel*, t. 1, Paris, Cujas, 1997.

PRADEL (J.), DANTI-JUAN (M.), *Droit pénal spécial*, 5e éd., Cujas, 2010.

ROBERT (P.), *Le Nouveau Petit Robert*, (Texte remanié et amplifié sous la dir. de REY-DEBOVE (J.) et REY (A.)), Dictionnaires Le Robert - Paris, 2000.

ZENATI-CASTAING (F.), REVET (T.), *Manuel de droit des personnes*, Coll. Droit Fondamental, P. U. F., 2006.

Articles

ALT MAES (F.), « La contractualisation du droit pénal. Mythe ou réalité ? », *R.S.C.*, 2002.

ALT MAES (F.), « La loi dur la fin de vie devant le droit pénal », *J.C.P*, 2006.

ANDRIANTSIMBAZOVINA (J.), « L'abus de droit dans la jurisprudence de la Cour européenne des droits de l'homme », *D.*, 2015.

CRISTAU (A.), « L'exigence de sécurité juridique », *D.*, 2002.

DREYER (E.), « La dignité opposée à la personne », *D.*, 2008.

ENDERLIN (S.), « Une réclusion de 41 ans est conforme à la Convention européenne des droits de l'Homme - Cour européenne des droits de l'Homme, 11 avril 2006 », AJ pénal, 2006.

FABRE-MAGNAN (M.), « La dignité en Droit : un axiome », *Revue interdisciplinaire d'études juridiques,* 2007.

FABRE-MAGNAN (M.), « Le domaine de l'autonomie personnelle. Indisponibilité du corps humain et justice sociale », *D.,* 2008.

FABRE-MAGNAN (M.), « Le sadisme n'est pas un droit de l'Homme », *D.,* 2005.

HURPY (H.), « L'identité et le corps », *La revue des droits de l'Homme*, 2015.

LEPAGE (A.), « Droits de la personnalité », *Répertoire de droit civil,* 2009.

MARGUENAUD (J-P.), « Hymnes à la vie et à l'autonomie personnelle », *R.T.D. Civ.*, 2002.

MARGUENAUD (J-P.), « Sadomasochisme et autonomie personnelle », *R.T.D. Civ.*, 2005.

MAYAUD (Y.), « Violences involontaires (2° Applications et illustrations)», *Répertoire de droit pénal et de procédure pénale*, Octobre 2006 (Actualisation : mars 2014).

NAUD (J-Y.), « La France interdit toutes les techniques de lyse adipocytaire », *Rev. Méd. Suisse*, 2011.

ROBERT (A-G.), « Sadomasochisme : la résistance des juges du fond », *J.C.P*, 2009.

ROMAN (D.), « « A corps défendant ». La protection de l'individu contre lui-même », *D.*, 2007.

SALVAGE (P.), « Le consentement en droit pénal », *R.S.C.*, 1991.

SEVELY (C.), « Réflexions sur l'inhumain et le droit », *R.S.C.*, 2005.

Jurisprudence

Cour européenne des droits de l'Homme

Commission, 13 décembre 1979, *X. c/ Autriche.*

Cr. E. D. H., 26 mars 1985, *X. Y. c/ Pays-Bas.*

Cr. E. D. H., 19 février 1997, *Laskey et autres c/ Royaume-Uni.*

Cr. E. D. H., 26 octobre 2000, *Kudla c/ Pologne.*

Cr. E. D. H., 29 avril 2002, *Pretty c/ Royaume Uni.*

Cr. E. D. H., 24 juin 2004, *Von Hannover c/ Allemagne.*

Cr. E. D. H., 13 novembre 2014, *Bodein c/ France.*

Cr. E. D. H., 17 février 2015, *K. A. et A. D. c/ Belgique.*

Conseil constitutionnel

C.C., 94-343-344 D. C., 27 juillet 1994, *Lois bioéthique.*

C.C., 99-421 D. C., 16 décembre 1999.

Cour de cassation

Cass., ch. réun., 15 décembre 1837.

Cass. Crim., 17 juin 1992, *bull. crim.* n°243.

Cass. Crim., 4 mars 2003, n° 02-82.194, *bull. crim.* n° 58.

Cass. Crim., 5 juin 2012, n°11-84-895.

Conseil d'État

C.E., Ass., 27 octobre 1995, n°136727.

C.E., S.S.R., 30 août 2006, *Association Free Dom.*

Autres juridictions

C. A., Agen, 12 avril 1962, *D.* 1962. 589.

C. A., Poitiers, 3 mai 1974, *Gaz. Pal.* 1974. 2. 784, *R. T. D. civ.* 1975. 109, obs. Durry.

C. A., Paris, 19 janvier 1998, 96/06975.

T. G. I., Metz, 21 novembre 2013, *Agrif c/ Frac de Lorraine.*

T. pol. Bordeaux, 18 mars 1981, *D.* 1982.182.

Table des matières

Questions juridiques

aux éditions L'Harmattan

Dernières parutions

LES ENJEUX PATRIMONIAUX DE LA SÉPARATION
Questions récurrentes
Sous la direction de et textes réunis par Antonini-Cochin Laetitia
Confondus pendant la vie commune, les intérêts patrimoniaux des conjoints doivent être démêlés et liquidés lors de la séparation. Ces questions d'ordre liquidatif relèvent souvent de la compétence du juge aux affaires familiales. La séparation révèle souvent d'importantes disparités de situation et des préjudices qu'il convient de compenser et de réparer. Se posent alors plusieurs questions telles que l'évaluation de la prestation compensatoire, de l'allocation de dommages et intérêts ou encore de l'attribution du logement de la famille.
(Coll. Droit privé et sciences criminelles, 14.00 euros, 114 p.)
ISBN : 978-2-343-09830-2, ISBN EBOOK : 978-2-14-001613-4

LES SOCIÉTÉS PUBLIQUES LOCALES
Entre volonté publique, esprit d'entreprise et concurrence
Sous la direction de Meunier Patrick, Vanneaux Marie-Anne, Viviano Michel, Delavenne Thibault
Les sociétés publiques locales sont des sociétés anonymes, instruments de politiques publiques dédiées à leurs collectivités territoriales actionnaires. Elles sont donc soumises au droit public et au droit commun et se retrouvent au coeur des questions liées aux justifications et aux formes de l'interventionnisme économique des personnes publiques. Ce type de sociétés invite ainsi à une réflexion plus globale sur les évolutions actuelles du droit européen et du droit public économique français. Cet ouvrage présente différentes études sur ces sociétés publiques locales et leur utilisation par les acteurs locaux.
(Coll. Logiques Juridiques, 37.00 euros, 360 p.)
ISBN : 978-2-343-09771-8, ISBN EBOOK : 978-2-14-001496-3

L'EFFECTIVITÉ DU DROIT ÉCONOMIQUE DANS L'ESPACE OHADA
Sous la direction de David Hiez et Séverine Menétrey
En interrogeant l'effectivité du droit économique dans l'espace OHADA, voici une réflexion sur ce droit au-delà de l'analyse positiviste des textes en vigueur. Il s'agit de donner corps au droit, particulièrement au droit africain, dont l'abstraction et l'ineffectivité endémique le privent de son aptitude à réguler efficacement la société, fonction que tous s'accordent pourtant à lui attribuer.

Ces contributions démontrent que les juristes doivent s'éloigner du dogmatisme juridique pour éprouver le droit vivant.
(39.00 euros, 412 p.)
ISBN : 978-2-343-09528-8, ISBN EBOOK : 978-2-14-001587-8

LA VALORISATION ÉCONOMIQUE DES BIENS CULTURELS LOCAUX EN FRANCE ET EN ITALIE
Sous la direction de Bettio Nathalie, Collot Pierre-Alain, Perlo Nicoletta, Voizard Karl-Henri
Voici une réflexion comparatiste sur un domaine en pleine mutation. S'agit-il de conférer une valeur culturelle à des biens et de la renforcer lorsqu'elle est déjà présente ou bien le but est-il de dégager une valeur marchande à partir de biens dont l'identité culturelle est réputée ? Si ces deux formes de valorisation peuvent se conjuguer, elles sont susceptibles aussi d'entrer en conflit. Ces actes de colloque dressent le bilan des outils de mise en valeur des biens culturels locaux, tout en révélant les enjeux et défis qui leur sont attachés.
(Coll. Droit du Patrimoine culturel et naturel, 24.50 euros, 242 p.)
ISBN : 978-2-343-09750-3, ISBN EBOOK : 978-2-14-001523-6

LES RÉPONSES DU DROIT AUX CRISES SANITAIRES
Anticiper / Réagir
Sous la direction de François Rousseau et Karine Foucher
Nos sociétés contemporaines sont exposées depuis une trentaine d'années à des risques sanitaires d'une ampleur nouvelle, révélateurs de leur propre vulnérabilité et marqués par un fort impact médiatique. Face à cette situation, le droit évolue au coup par coup, sans que l'on sache très bien si les changements opérés constituent des ajustements à la marge ou masquent une mutation plus profonde du système juridique. Cet ouvrage propose une réflexion transversale sur la réponse du droit aux crises sanitaires.
(31.00 euros, 306 p.)
ISBN : 978-2-343-09543-1, ISBN EBOOK : 978-2-14-001396-6

LA DÉFRAGMENTATION DU DROIT INTERNATIONAL DE LA CULTURE
Vers une cohérence des normes internationales
Harelimana Jean-Baptiste
Préface de Federico Mayor, Postface d'Albert Tévoédjrè
La gouvernance internationale est un paysage naturellement fragmenté, composé de traités et d'institutions autonomes, sans hiérarchie existante entre les sources de droit et les traités. Cette fragmentation découle de la souveraineté des États. L'objectif de cet ouvrage est, par une approche intersystémique insistant sur l'incomplétude des systèmes, d'examiner à quelles conditions les rapports, tantôt apaisés, tantôt conflictuels entre les organisations internationales, peuvent œuvrer pour un développement durable par une gouvernance internationale moins éclatée et plus cohérente.
(55.00 euros, 772 p.)
ISBN : 978-2-343-09374-1, ISBN EBOOK : 978-2-14-001387-4

GÉNOCIDE ET CRIMES DE MASSE (1933-1946)
Tatarinoff Anna
La Seconde Guerre mondiale est une période cruciale de l'histoire. Si de nombreux domaines ont été abordés au sujet de la Seconde Guerre mondiale, ceux concernant la population civile restent imprécis. Sous le couvert du tabou, la question de l'étendue et de la force de la participation des civils au Régime nazi est traitée de façon superficielle. C'est pourquoi il importe d'étudier et comprendre comment s'est déroulée cette participation populaire.
(Coll. Bibliothèques de droit, 15.50 euros, 144 p.)
ISBN : 978-2-343-07702-4, ISBN EBOOK : 978-2-14-001411-6

CONCILIATION ET MÉDIATION DEVANT LA JURIDICTION ADMINISTRATIVE
Actes du colloque du Conseil d'État du 17 juin 2015
Sous la direction de Jacques Biancarelli et Béatrice Blohorn-Brenneur
Voici près de 25 ans que le Conseil d'État, confronté à une judiciarisation croissante de la société, réfléchit aux modes alternatifs de règlement des différends afin de les pacifier et de rendre les justiciables davantage confiants en la justice administrative. Après avoir rappelé le contexte juridique et les enjeux d'une telle impulsion, un bilan comparatif des pratiques du juge administratif et du juge judiciaire a permis de mesurer combien il est nécessaire et urgent de compléter la boîte à outils dont dispose le premier. Voici une réflexion, les références et les outils nécessaires à la juridiction administrative.
(Coédition GEMME, 24.00 euros, 246 p.)
ISBN : 978-2-343-07270-8, ISBN EBOOK : 978-2-336-39774-0

L'ERREUR JUDICIAIRE
Apprendre à douter pour lutter contre les erreurs judiciaires
Sous la direction de Xavier Pin
L'erreur judiciaire hante autant qu'elle jalonne l'histoire de notre justice pénale. Nous avons tous en mémoire de retentissants procès ayant vu des individus accusés ou condamnés, avant d'être disculpés, graciés ou réhabilités. Le législateur y est sensible au point de réformer régulièrement la procédure pénale pour tenter d'éviter, de corriger ou de réparer, autant que possible, de telles erreurs. Une loi du 20 juin 2014 réforme les procédures de révision et de réexamen des condamnations pénales définitives : elle est l'occasion d'essayer de comprendre ces fiascos judiciaires.
(Coll. Droit privé et sciences criminelles, 15.00 euros, 126 p.)
ISBN : 978-2-343-07284-5, ISBN EBOOK : 978-2-336-39807-5

LE DROIT CONSTITUTIONNEL DE LA Ve RÉPUBLIQUE
(Treizième édition)
Lascombe Michel, Toulemonde Gilles
Cet ouvrage s'adresse aux étudiants en droit, aux élèves des instituts d'études politiques et aux candidats aux concours administratifs. Il couvre l'essentiel du programme de droit constitutionnel, c'est-à-dire aussi bien les constitutions françaises depuis 1789 que l'actuel texte constitutionnel. Cette nouvelle édition tient compte des derniers développements induits par les changements politiques,

des dernières réformes des règlements des assemblées et de la jurisprudence la plus récente.
(Coll. Logiques Juridiques, 42.00 euros, 506 p.)
ISBN : 978-2-343-07916-5, ISBN EBOOK : 978-2-336-39877-8

LA PROXIMITÉ EN DROIT INTERNATIONAL PRIVÉ DE LA FAMILLE
Bouyahia Sabrine Maya - Préface de Lotfi Chedly et Marie Goré
Parmi les méthodes proposées pour trancher les litiges présentant un élément d'extranéité, figure celle reposant sur le principe de proximité. L'étude porte sur deux systèmes de droit international privé de la famille différents (droit français et droit tunisien) pour mettre en exergue d'une part l'adaptation de cette méthode aux spécificités de chaque ordre étatique et d'autre part son adéquation avec tous les différents systèmes de droit.
(Coll. Logiques Juridiques, 54.00 euros, 618 p.)
ISBN : 978-2-343-05464-3, ISBN EBOOK : 978-2-336-39866-2

QUARTIER-FEMMES ÉCROU 10970
Boh-Petit Dominique
Cellule 24 : une femme dit toute sa souffrance d'être enfermée. Elle a tué. Son histoire est à la rubrique des faits divers. La Cour d'assises la jugera. Bien des années plus tard, elle est libérée. La vie doit reprendre. Ce récit est parfaitement conforme à la réalité. Tout a existé et existe encore.
(Coll. La justice au quotidien, 15.00 euros, 130 p.)
ISBN : 978-2-343-07436-8, ISBN EBOOK : 978-2-336-39812-9

GABELOUS ET CONTREBANDIERS
Histoire des fermiers généraux de Dijon (1760-1780)
Evrard Sébastien - Préface de Marc Fradet
En exhumant un registre du personnel de la direction des fermes de Dijon, l'auteur retrace, entre 1760 et 1780, la vie méconnue de centaines d'agents au service du doit et de l'impôt. Ces derniers servaient un système protecteur (la retraite fait son apparition dès 1768), parfois très rémunérateur, mais qui s'avère aussi, sous certains aspects, une machine à broyer les hommes : le régime des sanctions que met en place la Ferme est d'une efficacité redoutable. En définitive, la Ferme présente un aspect mitigé.
(Coll. Mémoires des Douanes, 28.50 euros, 278 p.)
ISBN : 978-2-343-06683-7, ISBN EBOOK : 978-2-336-39845-7

L'HARMATTAN ITALIA
Via Degli Artisti 15; 10124 Torino
harmattan.italia@gmail.com

L'HARMATTAN HONGRIE
Könyvesbolt ; Kossuth L. u. 14-16
1053 Budapest

L'HARMATTAN KINSHASA
185, avenue Nyangwe
Commune de Lingwala
Kinshasa, R.D. Congo
(00243) 998697603 ou (00243) 999229662

L'HARMATTAN CONGO
67, av. E. P. Lumumba
Bât. – Congo Pharmacie (Bib. Nat.)
BP2874 Brazzaville
harmattan.congo@yahoo.fr

L'HARMATTAN GUINÉE
Almamya Rue KA 028, en face
du restaurant Le Cèdre
OKB agency BP 3470 Conakry
(00224) 657 20 85 08 / 664 28 91 96
harmattanguinee@yahoo.fr

L'HARMATTAN MALI
Rue 73, Porte 536, Niamakoro,
Cité Unicef, Bamako
Tél. 00 (223) 20205724 / +(223) 76378082
poudiougopaul@yahoo.fr
pp.harmattan@gmail.com

L'HARMATTAN CAMEROUN
BP 11486
Face à la SNI, immeuble Don Bosco
Yaoundé
(00237) 99 76 61 66
harmattancam@yahoo.fr

L'HARMATTAN CÔTE D'IVOIRE
Résidence Karl / cité des arts
Abidjan-Cocody 03 BP 1588 Abidjan 03
(00225) 05 77 87 31
etien_nda@yahoo.fr

L'HARMATTAN BURKINA
Penou Achille Some
Ouagadougou
(+226) 70 26 88 27

L'HARMATTAN SÉNÉGAL
10 VDN en face Mermoz, après le pont de Fann
BP 45034 Dakar Fann
33 825 98 58 / 33 860 9858
senharmattan@gmail.com / senlibraire@gmail.com
www.harmattansenegal.com

L'HARMATTAN BÉNIN
ISOR-BENIN
01 BP 359 COTONOU-RP
Quartier Gbèdjromèdé,
Rue Agbélenco, Lot 1247 I
Tél : 00 229 21 32 53 79
christian_dablaka123@yahoo.fr

Achevé d'imprimer par Corlet Numérique - 14110 Condé-sur-Noireau
N° d'Imprimeur : 132320 - Dépôt légal : octobre 2016 - *Imprimé en France*

www.ingramcontent.com/pod-product-compliance
Lightning Source LLC
LaVergne TN
LVHW051356061026
849535LV00009B/3211